高等院校物流管理专业系列教材

国际物流学

主　编　张翼　顾超　孔晔
副主编　胡金玉

微信扫码查看资源

南京大学出版社

前 言
foreword

随着全球经济一体化的趋势不断增强,各国在国际分工基础上形成的合作交往日益密切,相互联系、相互依赖、共同发展是当今世界经济发展的主要特征。同时中国在"一带一路"倡议布局下所开展的一系列国际商务活动,都促进了国际商务活动的蓬勃发展。而国际物流作为国际商务活动的必然组成部分,为各国之间的相互商贸往来提供了坚实的业务基础,因此对于未来从事国际商务活动的专业人才而言,掌握和理解国际物流业务基础内容和基本技能显得至关重要。

本书旨在适应物流运作国际化、现代化发展的需要,为培养具有较高综合素质的国际商务以及国际贸易人才提供指导。全书共分为十章内容。第一章国际物流绪论,简明扼要介绍国际物流的基本内涵及未来的发展趋势,阐释国际物流与国际贸易之间的必然联系。第二章国际贸易基础知识,简要介绍国际贸易的基本概念、国际贸易方式以及重要的贸易术语,为国际物流业务的开展提供必要专业知识。第三章国际物流系统与网络,全面介绍国际物流系统的主要模式,系统中的网络层次、国际物流系统网络节点和连线。第四章国际航运(物流)中心,详细介绍说明国际物流中国际航运中心的重要地位与作用,逐一扼要介绍世界著名的国际航运中心以及未来航运中心的发展态势。第五章到第七章主要介绍国际物流主要职能,包括国际物流运输,国际物流仓储,国际物流包装、流通加工与配送等各项重要职能。第八章国际保税物流,在介绍自由经济区基本概念的基础上,重点介绍保税区与国际物流业务的联系以及如何开展保税物流业务。第九章国际物流增值服务,重点介绍当今国际金融物流及国际加工等增值业务。第十章国际供应链管理,在简要介绍供应链及供应链管理概念的基础上,详细说明国际供应链理念以及构建国际供应链的业务内容。

本书主要由山东科技大学经济管理系张翼和孔晔老师,以及山东财经大学东方学院顾超老师任主编,其中第一章到第三章由顾超老师编写,第五章到第七章由孔晔老师编写,第四章以及第八章到第十章由张翼老师、湖南信息学院胡金玉老师编写。

　　本书在编写过程中,得到了山东科技大学经济管理系领导的支持,并在出版编辑过程中得到南京大学出版社的大力支持,在此对于本书编写与出版过程中给予帮助的各位老师表示衷心感谢。同时本书在编写时力求将最新的国际物流知识呈现给大家,因此借鉴了国内外同类著作,在此对提供借鉴材料的相关专家学者一并表示感谢。

　　本书限于编者水平,错误疏漏之处在所难免,恳请专家和读者多多赐教。

目 录
contents

第一章 国际物流绪论

第一节 国际物流概述

一、国际物流的概念

国际物流是跨越不同国家(地区)之间的物流活动。国际物流的实质是按国际分工协作的原则,按照国际惯例,利用国际化的物流网络、物流设施和物流技术,实现货物在国际间的流动与交换,以促进区域经济的发展和世界资源优化配置。

国际物流最大的特点是物流跨越国界,物流活动是在不同国家之间进行的,所以国际物流的存在与发展可以促进世界范围内物资或商品的合理流动,可以使国际间物资或商品的流动线路最佳、流通成本最低、服务最优、效益最高。同时由于国际化信息系统的支持和世界范围内各地域间的物资交流,国际物流可以促进世界经济的发展,增进国际间的友好交往,并由此推进国际政治、经济格局的良性发展,从而促进整个人类的物质文化和精神文化朝着更加和平、稳定和文明的方向发展。

二、国际物流的发展阶段

国际物流活动随着国际贸易和跨国经营的发展而发展,国际物流在20世纪主要经历了以下几个阶段:

第一阶段:20世纪50年代至80年代初。这一阶段,物流设施和物流技术得到了极大的发展,建立了配送中心,广泛运用计算机进行管理,出现了立体无人仓库,一些国家建立了本国的物流标准化体系等。物流系统促进了国际贸易的发展,物流活动已经超出了一国范围,但物流国际化趋势还没有得到人们的重视。

第二阶段:20世纪80年代初至90年代初。这一阶段,随着经济技术的发展和国际经济往来的日益扩大,物流国际化趋势开始成为世界性的共同问题。美国密歇根州立大学教授波索克斯认为,进入20世纪80年代,美国经济已经失去了兴旺发展的势头,陷入长期倒退的危机之中。因此,必须强调改善国际性物流管理,降低产品成本,并且要改善服务和扩大销售,从而在激烈的国际竞争中获得胜利。与此同时,日本正处在成熟的经济发展期,以贸易立国,要实现与其对外贸易相适应的物流国际化,并采取了建立物流信息网络和加强物流全面质量管理等一系列措施,提高物流国际化的效率。这一阶段,物流国际化的趋势局限在美、日和欧洲一些发达国家。

第三阶段:20 世纪 90 年代初至今。这一阶段,国际物流的概念和重要性已为各国政府和外贸部门所普遍接受。贸易伙伴遍布全球,必然要求物流设施国际化、物流技术国际化、物流服务国际化、货物运输国际化以及包装国际化和流通加工国际化等。世界各国广泛开展国际物流方面的理论和实践方面的大胆探索。人们已经形成共识:只有广泛开展国际物流合作,才能促进世界经济繁荣,物流无国界。

三、国际物流的分类

(一) 按照货物流向进行划分

按照货物流向进行划分,可将国际物流分为进口物流和出口物流。凡存在进口业务中的国际物流行为被称为"进口物流",而存在出口业务的国际物流行为被称为"出口物流"。鉴于各国的经济政策、管理制度、外贸体制的不同,反映在国际物流中的具体表现既有交叉又有类型的不同,因此须加以区别。

(二) 按照不同国家所划定的关税区域划分

按照不同国家所划定的关税区域予以区别,国际物流可分为国家间的物流与经济区域间的物流。这两种类型的物流,在形式和具体环节上存在着较大差异。

(三) 按照国际间进行货物传递和流动的方式划分

按照国家间进行货物传递和流动的方式划分,国际物流又分为国际商品物流、国际军火物流、国际邮品物流、国际展品物流、国际援助和救助物资物流等。围绕国际物流活动涉及国际物流业务的企业有国际货运代理、国际物流公司、国际配送中心、国际运输及仓储、报关行等具体企业。

四、国际物流的特点

(一) 物流环境的差异性

不同的国家和地区使用的法律法规不同,操作规程和技术标准不同,地理、气候等自然环境不同,风俗习惯等人文环境不同,经济和科技发展及各自消费水平不同等等,这些具有显著差异的物流环境使得国际物流系统的建立必须同时适应多个不同的法律法规、人文、习俗、语言、科技发展程度及相关的设施。因此,相对于国内物流来说,要形成完整、高效的国际物流系统难度较大。

（二）物流系统范围的广泛性

国际物流系统不仅具有物流本身复杂的功能要素、系统与外界的沟通因素，而且要面对不同国家、不同地区错综复杂的不断变化的各种因素。国际物流涉及广阔的地域空间和诸多内外因素，需要较长的时间、难度较大的操作过程以及面临较大的风险，国际物流系统范围的广泛性使得相关的现代化技术的开发与使用显得尤为重要，现代化系统技术可以尽可能降低物流过程的复杂性，减少其风险性，从而使国际物流尽可能提高速度，增加效益，并推动其发展。

（三）物流信息化要求具有先进性

国际物流所面对的市场变化多、稳定性小，所以对信息的提供、收集与管理具有更高的要求，因此必须要有国际化信息系统的支持，建立技术先进的国际化信息系统成为发展现代国际物流的关键所在。同时它需要克服一系列困难，如管理技术难度高，投资数额巨大，世界各国、各地区信息技术水平参差不齐等，只有逐一地解决这些困难，才能建立起符合现代国际物流需求的物流信息支持系统。

（四）物流标准化要求具有统一性

国际物流要使各国之间物流互相接轨，并畅通起来，有一个必需的条件是标准统一。在国际流通体系中，应当推行国际基础标准、安全标准、卫生标准、环保标准及贸易标准的进一步统一，并在此基础上制定、推行统一的运输、包装、配送、装卸、储存等技术标准，从而提高国际物流标准化水平。如果没有统一的标准，国际物流水平是无法提高的。

第二节 国际物流的发展趋势

全球物流运作的环境远比国内物流复杂，在不同的国家和地区内，物流活动的距离更长、单证更复杂、在产品和服务上顾客需求变幻莫测，并要满足各种文化差异。随着跨国公司的发展，全球经济和贸易的增长以及人类环保意识的觉醒，全球物流呈现出如下的变化新趋势。

一、物流产业在经济发展中的地位越来越重要

随着世界经济的全球化、一体化、信息化发展，发展物流业的经济意义越来越明显，其主要表现是：第一，有利于资源合理配置，促进和改善国家的基础设施建设；第二，有利于加速物资在时空上的有效流动，节约社会成本；第三，有利于提高制成品在国际上的综合竞争能力；第四，有利于提高国民的综合生活水平。

物流业的实际发展情况也证明了它在国民经济中的重要地位。据有关统计，欧洲物流

营业额 1998 年和 1999 年分别为 1 460 亿美元和 1 540 亿美元,到 2005 年,这一指标达到 2 120亿美元。在一项对德国和美国企业的调查中,有 71％的德国企业和 53％的美国企业把物流放在企业经营第一或第二的位置。为了促进物流业的发展,各国政府制定了各种有利于物流发展的政策,从各自不同的资源优势开展不同的物流产业规划。

二、第三方物流在物流行业中逐渐占据主导地位

伴随着商务界对物流需求的增加,产生了为生产者提供相关服务的物流服务提供者。这些服务提供者无论其名称如何,根据其经营活动和功能都可以被归入"第三方物流提供商"。尽管在目前阶段,生产企业对其所提供服务的质量、可能带来的降低成本的好处还持怀疑态度,但对一家厂家来说,将物流服务交付给一家第三方物流提供商,从理论上讲确实是一种控制运作成本的好方法,而且对生产商和第三方物流服务提供商建立彼此的相互信赖,维护较好的商务伙伴关系有利。发达国家的一些第三方物流提供商已经取得了厂商的信赖,并获得了很好的经营业绩。

欧洲目前使用第三方物流服务的比例约为 76％,美国约为 58％,同时欧洲约有 24％、美国约有 33％的非第三方物流服务用户正在积极考虑使用第三方物流服务。

据统计,1994 年美国第三方物流业的收入为 150 亿美元,1996 年为 250 亿美元,而此后,则以每年 15％～20％的速度递增。

三、国际物流业务快速发展,物流企业国际化特征日益明显

在现代国际贸易发展中,跨国公司的地位和作用是有目共睹的。通过推行全球化策略,跨国公司不断地扩展着其市场和利润,其在国际贸易中的作用也越来越举足轻重。在跨国生产和经营过程中,跨国企业对强有力的物流服务体系的需要与日俱增。

通信技术和信息技术的发展是国际物流发展的技术基础。这不仅大大降低了物流的成本,而且也大大提高了物流的效率。在国际贸易中,诸如订单、交付凭证以及海关表格之类的国际商业文件,通常属于硬拷贝文件,需要花费大量的时间传输,往往还含有许多的误差。但目前采用先进的信息技术,加快了订货需求的传输速度、生产进度、装运进度以及海关清关速度。

各类国际贸易管制措施的逐步降低、解除为国际物流业的发展提供了制度条件。国际物流的壁垒主要是源于三个方面:一是营销和竞争方面的壁垒,如对国外投资者在进入方面的限制。二是金融方面的壁垒,主要来自于推动物流成长的金融机构的基础结构不完善。没有同物流相匹配的银行、保险公司、法律顾问和运输承运人的业务衔接,更没有相关的法律体系。三是配送渠道方面的壁垒,其主要表现在基础结构标准化和贸易协定等方面在国与国之间存在差异。上述三个方面的壁垒在发达国家之间基本上消除,但发展中国家中还存在,正在逐步消除。

四、国际物流服务呈现多样化、信息化、系统化的趋势

一般地，物流企业过去是提供五项基本服务项目：联合运输、仓储管理及运作、承运人的挑选、运费磋商和运输管理及运作。当企业经过一定时期经营发展后，提供的最主要的五项服务内容为联合运输、仓储管理及运作、物流信息服务、产品的回流和存货补充等。对物流企业而言，联合运输和仓储管理及经营是最为传统、最为基本的服务内容，也是物流企业收入的主要来源，但是随着生产商对物流服务要求的细化，加之物流企业自身发展的需要，物流企业所能够提供的服务项目也在不断地发展变化着。除了上述服务项目以外，一些物流企业还为客户提供诸如订单处理、重贴标签、再包装、产品测试等服务。

经济的发展使各类企业发现只管理它们自己的组织已经远远不够了，必须涉足直接或间接地提供投入的所有上游企业和负责向最终客户交货和提供售后服务的所有下游企业，才能实现高效益。"提供链管理"的出现正是这种认识的体现。而供应链管理的真正实现有赖于物流服务方式的网络化、信息化。现代物流服务的方式正在从以对"物"的处理为基础的物流经营模式向以电子商务为主轴的发展模式转变。即物流的发展方向不是仅仅将物流服务项目作为一项业务来完成，而是作为一种系统来完成。未来物流经营模式在物流的整个价值链中将更加依赖电子技术、网络技术，以形成低物流成本，向客户提供优质物流服务的机制，实现速度、安全、可靠和低费用的"3S1L原则"。因此，在现代物流发展过程中，物流标识技术和电子数据交换技术是其中的关键技术。

五、国际物流企业的战略联盟

在整个物流管理过程中，一个连接紧密的供应链体系是通过诸如采购、生产和销售，再加上仓储、存货管理、运输和信息系统等基本商务运作环节实现的。由于商业运作的复杂性，某一单一的物流服务提供方难以实现低成本、高质量的服务，也无法给客户带来较高的满意度。通过建立战略联盟解决资金短缺和应付市场波动压力，进而增加营销服务品种和扩大企业的地理覆盖面，为客户提供"一站式服务"，从联合营销和销售活动中收益正成为许多具有一定实力的物流企业的发展战略。最流行的结盟方式是与其他物流企业以及仓储、运输、货代、报关代理、空运快递公司、国际分销公司结盟。此外，还有与信息系统公司、制造商、设备租赁商、海运公司等结盟。通过结盟，使企业得以在未进行大规模的资本投资的情况下，扩大业务范围，提高市场份额和竞争能力。许多物流业经营和研究人员认为，相同的文化背景和彼此相互信赖，有效而积极的沟通和信息支付，共同的企业经营目标和凝聚力，技术上的互补能力，双方高层管理人员在管理方面的共同努力等是使物流企业联盟成功的关键因素。

六、国际物流业界对中高级物流人才的争夺加剧

经济的全球化,要求物流企业能够提供全球化的服务,即由少数物流公司承担更为复杂的物流服务。物流人才必须树立全局观念,具有采购、仓储管理、运输、客户服务和信息技术等全方位知识,敏锐的分析能力,并能够对需求进行专业的预测。在国外,高级物流主管享有和公司财务主管、法律部门的主管和市场营销方面的主管同等的地位。但由于物流教育和培训的缺乏,能够切实为企业提供有效方案的中高级物流人才较少,使得物流业界对物流人才的争夺加剧。

第三节 国际物流与国际贸易的关系

国际物流是随着国际贸易的发展而产生和发展起来的,在当前已成为影响和制约国际贸易进一步发展的重要因素。国际贸易与国际物流之间存在着非常紧密的关系。

一、物流是国际贸易的必要条件

世界范围的社会化大生产必然会引起不同的国际分工,任何国家都不能够包揽一切,因而需要国际间的合作。国际间的商品和劳务流动是由商流和物流组成,前者由国际交易机构按照国际惯例进行,后者由物流企业按各个国家的生产和市场结构完成。为了克服它们之间的矛盾,就要求开展与国际贸易相适应的国际物流。对于出口国企业来说,只有物流工作做好了,才能将国外客户需要的商品适时、适地、按质、按量、低成本地送到,从而提高本国商品在国际市场上的竞争能力,扩大对外贸易。

二、国际贸易促进物流国际化

第二次世界大战以后,出于恢复重建工作的需要,各国积极研究和应用新技术、新方法,从而促进生产力迅速发展,世界经济呈现繁荣兴旺的景象。国际贸易也因此发展得极为迅速。同时,由于一些国家和地区资本积累达到了一定程度,本国或本地区的市场已不能满足其进一步发展的需要,加之交通运输、信息处理及经营管理水平的提高,出现了为数众多的跨国公司。跨国经营与国际贸易的发展,促进了货物和信息在世界范围内的大量流动和广泛交换。

三、国际贸易对国际物流提出新的要求

随着世界技术经济的发展和政治格局的风云变幻,国际贸易表现出一些新的趋势和特

点,从而对物流提出了更新、更高的要求。

(一) 质量要求

国际贸易的结构正在发生着巨大变化,传统的初级产品、原料等贸易品种逐步让位于高附加值、精密加工的制成品。由于高附加值、高精密度的商品流量的增加,对物流工作质量提出了更高的要求。同时由于国际贸易需求的多样化,形成物流多品种、小批量化,要求国际物流向优质服务和多样化发展。

(二) 效率要求

国际贸易活动的集中表现就是合约的订立和履行,而国际贸易合约的履行很大部分涉及国际物流活动,因而要求物流有很高的效率。从输入方看,提高物流效率最重要的是如何高效率地组织所需商品的进口、储备和供应。也就是说,从订货、交货,直至运入国内保管、组织供应的整个过程,都应加强物流管理。

(三) 安全要求

由于社会分工和社会生产专业化的发展,大多数商品在世界范围内分配和生产。国际物流所涉及的国家多,地域辽阔,在途时间长,受气候、地理等自然条件和政局、罢工、战争等社会政治经济因素的影响大。因此,在组织国际物流中,当选择运输方式和路线时,要密切注意所经地域的气候条件、地理条件,还应注意沿途所经国家和地区的政治局势、经济状况等,以防这些人为因素和不可抗拒的自然力造成货物灭失。

(四) 经济要求

国际贸易的特点决定了国际物流的环节多、储运期长。随着国际市场竞争的加剧,降低物流成本以获得价格优势是大势所趋。从可能性上看,控制物流费用、降低物流成本具有很大潜力。对于国际物流企业来说,选择最佳物流方案,提高物流经济性,降低物流成本,保证服务水平,是提高竞争力的有效途径。

总之,国际物流必须适应国际贸易结构和商品流通形式的变革,向国际物流合理化方向发展。国际贸易结构、市场结构的巨大变化,需要专业化、国际化的物流运作。如果国际物流业者无法实现在低成本或不增加客户费用的条件下,跨国货物交付的准确、准时、无差错或少差错以及安全,国际贸易合同的履约率就会受到限制,就会影响到国际贸易企业的生存和发展。

本章小结

国际物流是跨越不同国家(地区)之间的物流活动。国际物流的实质是按国际分工协作的原则,按照国际惯例,利用国际化的物流网络、物流设施和物流技术,实现货物在国际间的流动与交换,以促进区域经济的发展和世界资源优化配置。

全球物流运作的环境远比国内物流复杂,在不同的国家和地区内,物流活动的距离更长、单证更复杂、在产品和服务上顾客需求变幻莫测,并要满足各种文化差异。随着跨国公司的发展,全球经济和贸易的增长以及人类环保意识的觉醒,全球物流呈现出新趋势。

国际物流是随着国际贸易的发展而产生和发展起来的,在当前已成为影响和制约国际贸易进一步发展的重要因素。国际贸易与国际物流之间存在着非常紧密的关系。

复习与思考

1. 什么是国际物流?
2. 国际物流相对国内物流具有什么特点?
3. 当前国际物流发展有何新趋势?

第二章　国际贸易基础知识

第一节　国际贸易的基本概念与分类

一、国际贸易的基本概念

(一) 国际贸易与对外贸易

1. 国际贸易

国际贸易(International Trade)是指不同国家(或地区)之间进行的商品交换活动。这里讲的商品交换是广义的,即包括有形商品和无形商品的贸易活动。既然国际贸易泛指国家与国家之间的商品交换,那么,它就包括本国与他国之间的贸易,也包括别的国家之间的贸易。因此,从世界范围来看,国际贸易也就是世界贸易(World Trade),一般讲的国际贸易,就是指世界贸易。

2. 对外贸易

对外贸易(Foreign Trade)是指一国或地区同别的国家或地区进行的货物、服务和技术的交换活动,又称进出口贸易或输出入贸易。有一些海岛国家或者对外贸易主要依靠海运的国家(如英国、日本)等,又很自然地将对外贸易称作"海外贸易"(Oversea Trade)。

(二) 总贸易体系与专门贸易体系

1. 总贸易体系

总贸易体系(General Trade System)亦称一般贸易体系,是以国境为标准划分进出口而统计的贸易:凡进入本国国境的商品,不论结关与否,一律计入进口,称为总进口;凡离开本国国境的商品一律计入出口,称为总出口。它说明了一国在国际货物流通中的地位和作用。目前有90多个国家和地区采用这种划分方法,其中包括日本、英国、加拿大、美国、澳大利亚和中国等。

2. 专门贸易体系

专门贸易体系(Special Trade System)亦称特殊贸易体系,是以关境为标准划分进出口而统计的贸易：凡是通过海关结关进入的货物均记为进口贸易；凡是通过海关出口的货物均记为出口贸易。专门贸易体系表明了一国作为生产者和消费者在国际贸易中的地位和作用。目前采用专门贸易体系的国家和地区近 80 个，包括德国、意大利、法国、瑞士等。

由于统计标准的差异，总贸易与专门贸易的数额通常是不相等的。原因有两个方面：一是过境贸易计入总贸易而不计入专门贸易；二是关境与国境有时并不一致。因此，联合国公布的各国和地区的贸易额一般都注明是总贸易额还是专门贸易额。

关境与国境一般说来是不一致的，不一致的情况有两种：一种是关境小于国境。有些国家在国境内设有自由港、自由贸易区、出口加工区等经济特区，这些地区不属于关境范围之内。此外，保税仓库也不属于关境范围之内。另一种是关境大于国境的情况。当几个国家缔结关税同盟时，关境包括了几个国家的领土，即参加关税同盟的国家的领土连成一片，组成为统一的关境。

(三) 对外贸易值与对外贸易量

1. 贸易额或贸易值

贸易额或贸易值(Value of Trade)是用货币表示的反映贸易规模的指标。各国一般都用本国货币加以表示，但为了便于国际比较，许多国家按汇率折算成国际上通用的美元来计量。贸易额通常分为对外贸易额和国际贸易额两种。

(1) 对外贸易额(Value of Foreign Trade)是一个国家在一定时期内(如 1 年)出口贸易额和进口贸易额的总和。从世界范围来看，一国的出口即意味着其他国家的进口。

(2) 国际贸易额(Value of International Trade)是以货币表示的和用现行世界市场价格计算的世界各国与地区的进口总额或出口总额之和。考虑到有关的运费和保险费等不应算作出口贸易额，世界上一般都用离岸价格(FOB)来计算出口额，所以通常是把世界各国和地区的出口总额相加作为国际贸易额。

用国际贸易额来反应一国对外贸易的规模和水平，既简洁明了，又便于国际比较，因而它最为通用。可是，如果有关货币的价值发生变动，这个指标就可能会有虚假的反映。例如，由于本国货币或者美元的汇率发生变动，同样数量的出口商品就表现为不同的出口贸易额，有时这个差额还相当巨大。

2. 国际贸易量

国际贸易量(Quantity of Trade)是以一定时期的不变价格作为标准计算的各个时期的国际贸易额，即用以固定年份为基期计算的出口价格指数除当时出口额的方法，得出相当于按不变价格计算的出口额。用这种方法计算出来的国际贸易额由于剔除了价格变动的影响，单纯反映国际贸易的量，所以称为国际贸易量。

由于计算贸易量可以得出较为准确地反映贸易实际规模变动的情况，所以许多国家和国际组织都采用这种方法计算贸易量。联合国等机构的统计资料往往采用国际贸易额和国际贸易量两种数字，以供对照参考。

(四) 对外贸易差额

一定时期内一国出口(货物和服务)总额与进口(货物和服务)总额之间的差额称为总贸

易差额(Balance of Trade)。贸易差额分为以下三种情况。

1. 贸易顺差

贸易顺差也称出超,指出口贸易总额超过进口贸易总额的情况,通常以正数表示。

2. 贸易逆差

贸易逆差也称入超,指进口贸易总额大于出口贸易总额的情况,通常以负数表示。

3. 贸易平衡

这是指出口贸易总额与进口贸易总额相等的情况。

贸易差额表明一国对外贸易收支状况,是影响一国国际收支差额的重要因素之一。原则上讲,长期入超与长期出超对一国的对外贸易和国民经济发展都是不利的。从长期趋势来看,一国的目标应追求贸易平衡,但绝对的平衡是不可能的,因此略有顺差或略有逆差成为各国现实的对外均衡目标。

(五)国际贸易商品结构与对外贸易商品结构

1. 国际贸易商品结构

国际贸易商品结构(Composition of International Trade)是指一定时期内各大类货物在整个国际贸易中的构成,即各类货物贸易额与世界出口贸易总额之比,用比重表示。

2. 对外贸易商品结构

对外贸易商品结构(Composition of Foreign Merchandise Trade)是指一定时期内各类货物或某种货物在一国对外贸易中所占的比重或地位,即各类货物进出口贸易额与该国进出口贸易总额之比,以份额表示。

国际贸易商品结构可以反映出整个世界的经济发展水平和产业结构状况等。一国的对外贸易商品结构可以反映出该国的经济发展水平、产业结构状况及资源状况等。此外,各类商品价格的变动也是影响国际贸易结构和对外贸易商品结构的因素。

(六)国际贸易地理方向与对外贸易地理方向

1. 国际贸易地理方向

国际贸易地理方向(Direction of International Trade)亦称国际贸易地区分布,是指一定时期内世界各国、各州、各国家集团在国际贸易中所占的地位,通常用它们的出口额或进口额占世界出口总额或进口总额的比重来表示。观察和研究不同时期的国际贸易地理方向,对于掌握市场行情的发展变化,认识世界各国间的经济交换关系及密切程度,开拓新的国外市场,均有重要的意义。

2. 对外贸易地理方向

对外贸易地理方向(Direction of Foreign Trade)又称对外贸易地区分布或对外贸易国别结构,是指一定时期内世界各国、各地区、各国家集团在一国对外贸易中所占的地位,通常以它们对该国的进、出口总额的比重来表示。对外贸易地理方向指明一国出口商品的去向和进口商品的来源,从而反映一国与其他国家、地区、国家集团之间经济贸易联系的程度,即可以看出哪些国家或国家集团是该国的主要贸易对象和主要贸易伙伴。

（七）对外贸易依存度

对外贸易依存度(Foreign Trade Intensity)亦称为对外贸易系数,是指一国国民经济对对外贸易的依赖程度,是以本国对外贸易额(进出口总额)在本国国民生产总值(GNP)或国内生产总值(GDP)中所占的比重表示的。它是用于衡量该国经济对国际市场依赖程度高低的指标之一。由于对外贸易分为出口和进口两部分,相应地对外贸易依存度又可分为出口依存度和进口依存度,即进、出口额分别与 GNP 或 GDP 的比值,其计算公式如下:

$$出口依存度 = \frac{出口额}{GNP \text{ 或 } GDP} \times 100\% \qquad (2-1)$$

$$进口依存度 = \frac{进口额}{GNP \text{ 或 } GDP} \times 100\% \qquad (2-2)$$

$$对外贸易依存度 = \frac{进出口总额}{GNP \text{ 或 } GDP} \times 100\% \qquad (2-3)$$

由于进口值不是该国在一定时期内创造的价值,使外贸依存度表现得较高,因此在实际工作中人们往往更重视出口依存度,它比外贸依存度更强调对经济发展的带动作用。对外贸易依存度表明一国的经济对外贸的依赖程度,也可表明一国经济国际化的程度。目前世界各国和地区的对外贸易依存度均呈上升趋势。这是因为各国和地区的经济发展相互影响、相互依赖日益加强,即国民经济国际化进程加快。但是,该指标并不是越高越好,该指标的提高,一方面反映了融入世界经济的程度提高,但与此同时国民经济对国际市场的依赖程度也越高,受世界经济影响的风险也在加大。

（八）贸易条件

贸易条件(Terms of Trade,TOT)是指一国的出口商品价格对其进口商品价格的比率。这里涉及的是所有进出口商品的价格,而一个国家的进出口商品种类又很多,因此通常用一国在一定时期(如 1 年)里的出口商品价格指数同进口商品价格指数对比进行计算。其具体公式是:

$$贸易条件(TOT) = \frac{出口价格指数}{进口价格指数} \times 100\% \qquad (2-4)$$

TOT 的计算值有三种情况:
(1) TOT 大于 1,即贸易条件好转;
(2) TOT 小于 1,即贸易条件恶化;
(3) TOT 等于 1,即贸易条件不变。

二、国际贸易的主要分类

从不同的角度和不同的标准,国际贸易可以进行如下分类。

(一) 按商品形式与内容划分

按商品形式和内容的不同,国际贸易可分为国际货物贸易(International Goods Trade)、国际服务贸易(International Service Trade)与国际技术贸易(International Technology Trade)。

1. 国际货物贸易

国际贸易中的货物种类繁多,为了便于统计和分析,联合国秘书处于 1950 年公布了《国际贸易标准分类》(*Standard International Trade Classification*, SITC)。1960 年、1974 年、1985 年分别对其做过 3 次修订。在这个标准分类中,把国际货物贸易分为 10 大类(Section)、67 章(Division)、261 组(Group)、1 033 个分组(Subgroup)和 3 118 个项目(Item),如表 2-1 所示。SITC 几乎包括了所有的货物贸易商品,每种商品都有一个五位数的目录编号。第一位数表明类,前两位数表示章,前三位数表示组,前四位数表示分组,五位数一起表示某个商品项目。在国际贸易统计中,一般把 0 到 4 类商品称为初级商品,把 5 到 8 类商品称为制成品。

表 2-1 国际货物贸易分类表(SITC)

大类编号	类别名称	大类编号	类别名称
0	食品及主要供食用的活动物	5	未列明化学品及有关产品
1	饮料及烟草	6	主要按原料分类的制成品
2	燃料以外的非食用粗原料	7	机械及运输设备
3	矿物燃料、润滑油及有关原料	8	杂项制品
4	动植物油脂	9	没有分类的其他商品

2. 国际服务贸易

按照世贸组织《服务贸易总协定》,国际服务贸易是指:"从一参加方境内向任何其他参加方境内提供服务;在一参加方境内向其他参加方的服务消费者提供服务;一参加方在其他方境内通过提供服务的实体介入而提供服务;一参加方的自然人在其他任何参加方境内提供服务。"

服务贸易具有如下特点:交易标的多为无形、不可储存的;服务的提供与消费同时进行;服务贸易额在各国国际收支表中只得到部分反映,不进入各国海关统计。

世界贸易组织《服务贸易总协定》将服务行业分为 12 个部门:商业、通信、建筑、销售、教育、环境、金融、卫生、旅游、娱乐、运输、其他。

3. 国际技术贸易

国际技术贸易是指技术供应方通过签订技术合同,将技术有偿转让给技术接受方使用。

(二) 按货物移动方向区分

按货物移动方向区分,国际贸易可分为出口贸易、进口贸易与过境贸易。

1. 出口贸易

出口贸易(Export Trade),又称输出贸易,是指将本国生产和加工的商品输往国外市场销售。这里必须注意一点,作为出口贸易的商品必须是外销的商品,某些商品虽然运出国境但不属于外销的商品则不能算作出口贸易。例如,运出国境供驻外使馆使用的商品、旅客个人使用带出国境的商品均不列入出口贸易。

2. 进口贸易

进口贸易(Import Trade),又称输入贸易,是指将外国生产和加工的商品输入本国市场销售。同样,输入境内的商品必须是属于内销的商品才能列入进口贸易。例如,外国使馆运进供自用的商品、旅客带入供自用的商品均不列入进口贸易。

出口贸易与进口贸易是每笔交易的两个方面。对卖方而言,为出口贸易;对买方而言,为进口贸易。此外,在进出口过程中还存在复出口和复进口。复出口(Reexport Trade)是指输入本国的外国商品未经加工又没有在本国消费就再输出时,为复出口。复进口(Reimport Trade)是指从本国输往国外的商品未经加工再输入时,称为复进口。例如,出口后退货、未售寄售商品的退回等。

3. 过境贸易

过境贸易(Transit Trade),又称通过贸易。从甲国出口经过丙国国境向乙国运送的商品,对丙国来说,就是过境贸易。有些内陆国家同非邻国的贸易,其贸易商品的运输路径必须通过第三国国境。过境贸易属于直接贸易。在过境贸易中,由于本国未通过买卖取得货物的所有权,因此过境商品一般不列入本国的进出口统计中。

(三) 按交易对象区分

按交易对象区分就是看贸易有无第三者参加,国际贸易可分为直接贸易、间接贸易与转口贸易。

1. 直接贸易

直接贸易(Direct Trade)是指商品生产国与商品消费国不通过第三国而直接买卖商品的行为。贸易双方直接洽谈、直接结算,交易的货物既可直接从生产国运到消费国,也可经由第三国国境转运到消费国,只要两者之间直接发生交易关系,即不通过第三国的商人作为中介人。货物从生产国直接卖给消费国,对生产国而言,是直接出口贸易;对消费国而言,是直接进口贸易。

2. 间接贸易

间接贸易(Indirect Trade)是指商品生产国与商品消费国通过第三国而间接进行的货物买卖行为。交易的货物既可从出口国经由第三国转运到进口国,也可从出口国直接运到进口国。间接贸易,对生产国来说是间接出口,对消费国来说是间接进口,对第三国来说是转口贸易。

3. 转口贸易

转口贸易(Entrepot Trade)也称中转贸易,在商品生产国与商品消费国通过第三国进行的贸易中,对第三国而言就是转口贸易。转口贸易可以直接运输,也可以间接运输(关键是参与交易过程本身),这与过境贸易只强调运输时地理上通过不同。转口贸易属于复出口。

从事转口贸易的大多是地理位置优越、运输条件便利、贸易限制较少的国家或地区。例如,伦敦、鹿特丹、新加坡和香港等港口城市,由于其地理位置优越、运输条件便利、易于货物集散,所以转口贸易十分发达。

转口贸易和过境贸易的区别在于:一是转口贸易有第三国的商人参与商品的交易过程,而不论货物是否经由第三国运送,而过境贸易则无第三国的商人参与;二是转口贸易以盈利为目的(即要有一个正常的商业加价),而过境贸易通常只收取少量的手续费,如印花税等;三是转口贸易属于间接贸易,过境贸易则属于直接贸易。

(四) 按运输方式区分

1. 陆路贸易

陆路贸易(Trade by Roadway)是采用陆路运输方式运送货物的贸易,它经常发生在各大陆内部陆地相连的国家之间,运输工具主要有火车、汽车等。

2. 海路运输

海路运输(Trade by Seaway)是指采用海上运输方式运送货物的贸易,运输工具是各种船舶。国际贸易货物的大部分是通过海洋运输的。当前,世界贸易中的货物有三分之二以上是通过海路运输的。

3. 空运贸易

空运贸易(Trade by Airway)是指采用航空运输方式运送货物的贸易。体积小、重量轻、价值昂贵、时效性的货物(如鲜活食品、贵重物品和急需物品等)往往采用这种运输方式。

4. 邮购贸易

邮购贸易(Trade by Mail Order)是指用邮政包裹寄送货物的贸易,它适宜于样品传递和针对数量不多的个人购买等。

5. 管道运输贸易

管道运输贸易(Trade by Pipe)是指采用管道运送货物的贸易,天然气、石油等采用这种运输方式。

6. 多式联运贸易

多式联运贸易是指海、陆、空各种运输方式结合运送货物的行为。国际物流"革命"促进了这种方式的贸易。

(五) 按贸易国数目划分

按贸易国数目划分,可以分为双边贸易和多边贸易。

1. 双边贸易

双边贸易(Bilateral Trade)是指两国政府之间商定的贸易规则和调节机制下的贸易。

两国政府往往通过签订贸易条约或协定来规定贸易规则和调节机制,要求两国在开展贸易时必须遵守贸易条约或协定中的规定。双边贸易所遵守的规则和调节机制不适用于在任何一个签约国与第三方非签约国之间开展的贸易。例如,在《中美贸易条约》下开展的中美贸易就是一种双边贸易。

2. 多边贸易

多边贸易(Nultilateral Trade)是指在多个国家政府之间商定的贸易规则和调节机制下的贸易。同样,多个国家政府之间也需要通过签订贸易条约或协定来规定贸易规则和调节机制,而且这些贸易规则和调节机制也不适用于任何一个签约国与其他非签约国之间的贸易。例如,世界贸易组织中的国家所开展的贸易就属于多边贸易。

(六)依照清偿工具不同分类

1. 现汇贸易

现汇贸易(Spot Exchange Trade),又称自由结汇贸易,是指在国际商品买卖中,以货币作为偿付工具的贸易方式。被用作偿付的货币必须可自由兑换,如美元、英镑、欧元、瑞士法郎、日元和港元等。

2. 易货贸易

易货贸易(Barter Trade),又称换货贸易,是指货物经过计价,作为偿付工具的贸易方式,经常作为一国(或地区)与另一国(或地区)间货物互换的贸易方式,通常源于贸易双方国家的货币不能自由兑换,而且缺少可兑换的外汇储备。于是双方把进口和出口直接联系起来,互通有无,并做到进出口基本平衡。

第二节 国际贸易方式

国际贸易方式是指国际间商品流通的做法或形式。随着国际贸易的发展,进行贸易的具体方式也日趋多样化。除了常见的逐笔销售的单边出口方式外,还有诸如独家经销、代理、寄售、展卖、招标投标、拍卖、期货交易、对销贸易、加工贸易等做法。

一、经销与代理

(一)经销

经销(Distribution)是指进口商即经销商根据他与国外出口商即供货商达成的协议,在规定的期限和地域内购销指定商品的一种做法。经销方式按经销商权限的不同分为两种:一种是独家经销(Sole Distribution),也称包销,指经销商在协议规定的期限和地域内,对指定的商品享有独家专营权的经销方式;另一种是一般经销(Non-exclusive Distribution),也称定销,指经销商不享有独家专营权,供货商可在同一时间、同一地区内,确定几个商家经销同类商品。

(二) 代理

代理(Agency)是指代理人按照委托人的授权,代表委托人与第三人订立合同或实施其他法律行为,而委托人直接负责由此产生的权利与义务的贸易方式。

国际贸易中的代理按委托人授权的大小分为总代理、独家代理和一般代理。总代理(General Agent)是委托人在指定地区的全权代表,他有权代表委托人从事一般商务活动和某些非商务性事物。独家代理(Sole Agent or Exclusive Agent)是指定地区和期限内单独代表委托人从事代理协议中规定的有关业务的代理。一般代理又称佣金代理(Commission Agent),是指不享有独家经营权的代理,即在同一地区和期限内可以有几个代理人同时代表委托人从事有关业务。

二、招标与投标

招标和投标是一种传统的贸易方式,在国际工程承包和大宗物资、设备采购业务中普遍采用。

(一) 招标与投标的含义

1. 招标

招标(Invitation to Tender)是指招标人(买方)发出招标通知,说明拟采购的商品名称、规格、数量及其他条件,邀请投标人(卖方)在规定的时间、地点按照一定的程序进行投标的行为。

2. 投标

投标(Submission of Tender)是指投标人(卖方)应招标人(买方)的邀请,按照招标的要求和条件,在规定的时间内向招标人递价,争取中标的行为。

(二) 国际招标的方式

招标有不同的方式和不同的使用范围,不同方式各有优势,须视具体情况选用。国际招标方式主要有以下几类。

1. 国际竞争性招标

国际竞争性招标(International Competitive Bidding)是指招标人邀请几个乃至几十个国内外企业参加竞标,从中选择最优投标人的方式。通常有两种做法:一种是公开招标,即招标人通过国内外报刊、电台等发出招标通告,使多个具备投标资格者有均等机会参加投标;另一种是选择性招标,即招标人有选择地邀请某些信誉好、经验丰富的投标人,经资格预审合格后参加投标。

2. 谈判招标

谈判招标(Negotiated Bidding)又称为议标,是招标人直接同卖方谈判,确定标价,达成交易。

3. 两段招标

两段招标(Two Stage Bidding)又称两步招标,是在采购某些复杂的货物时,因事先不能准备完整的技术标准而采用的招标方法。第一步,邀请投标人提出不含报价的技术投标;第二步,邀请投标人提出价格投标。

三、拍卖、寄售与展卖

(一) 拍卖

1. 拍卖的含义及范围

拍卖(Auction)是由专营拍卖业务的拍卖行接受货主的委托,在一定的地点和时间,按照一定的章程和规则,以公开叫价竞购的方法,最后由拍卖行把货物卖给出价最高的买主的一种现货交易方式。

以拍卖方式出售的商品主要有艺术品、烟叶、木材、羊毛、毛皮、纸张、水果、蔬菜及鱼类等品质不易标准化或难以久存的商品。

2. 拍卖的形式

拍卖的形式包括以下几种:

(1) 增价拍卖(English Auction)。

这也叫英格兰拍卖或买主叫价拍卖,是由拍卖人宣布预定的最低价格,然后由买主竞相加价,直至出价最高时,由拍卖人接受并以击槌动作宣告成交。

(2) 减价拍卖(Dutch Auction)。

这也叫荷兰式拍卖或卖方叫价拍卖,是由拍卖人先开出最高价,然后由拍卖人逐渐减低叫价,直至有人表示接受而成交。

(3) 密封递价拍卖(Seal-Bid Auction)。

这也称招标或拍卖,是由拍卖人事先公布每批商品的具体情况和拍卖条件,然后由竞买者在规定时间内将密封标书递交拍卖人,由拍卖人选择条件最适合者表示接受而成交。

(二) 寄售

寄售(Consignment)是一种委托代售的贸易方式,指寄售人先将准备销售的货物运往国外寄售地,委托当地代销人按照寄售协议规定的条件代为销售后,再由代销人向货主结算货款。在寄售方式中,寄售人和代销人之间是委托与受托的关系,而非买卖关系。与代理人可以用委托人名义,也可以用自己的名义从事授权范围事宜有所不同,代销人只能用自己的名义处理寄售协议中规定的事务,而且代销人同第三方从事的法律行为不能直接对寄售人发生效力。

(三) 展卖

展卖(Fairs and Sales)是利用展览会和博览会及其他交易会形式,对商品实行展、销结合的一种贸易方式。

展卖可以采取各种不同的方式。从展卖商品的所有方和客户的关系来看,展卖的做法主要有两种:一种是将货物通过签约方式卖断给国外客户,双方是一种买卖关系,由客户在国外举办或参加展览会,货价有所优惠,货款可在展览会后或定期结算;另一种方式是由双方合作,展卖时货物所有权不变,展品出售的价格由货主决定,国外开展期间由客户承担运输、保险、劳务及其他费用,货物出售后收取一定手续费作为补偿。展出结束后,未售出的货物可以折价卖给合作的客户,或运往其他地方进行另一次展卖。

四、加工贸易

加工贸易是国际上普遍采用的一种贸易方式。从本质上看,加工贸易是以加工为特征,以商品为载体的劳务出口。在我国,加工贸易的形式主要有进料加工和来料加工两种。进料加工指企业自主进口加工所需的原材料、元器件、零部件,在加工装配成为成品后,再出口销往国外市场的贸易方式。而来料加工则是一种委托加工方式,加工企业对原材料、零部件以及加工后的成品均不具有所有权,只收取工缴费或加工费。原材料、零部件以及加工后成品的所有权归国外委托方拥有。

第三节　国际贸易术语

在国际贸易中,买卖双方采用不同的贸易术语,对国际物流的运作和流程会产生较大影响。因此我们必须先了解国际贸易术语。

一、国际贸易术语概述

在国际贸易中,买卖双方交接货物地点的确定,货物运输中风险范围的划分,货物运输手段、保险手续、进出口手续及申领有关批准文件的手续由谁办理,在办理各种手续中所支出的费用由谁负担等问题,都需要在买卖双方签订合同时加以明确。为了简化手续和交易过程,在长期的贸易实践中,逐渐形成了一些简短的概念或外文字母缩写,用于说明买卖双方关风险、责任和费用的划分,确定双方应尽的义务。这种简短的概念或外文缩写字母被称作贸易术语(Trade Term)或价格术语(Price Term)。

早在19世纪初,国际贸易中已开始使用贸易术语,但是,最初对各种贸易术语并没有统一的解释。在各国的进出口贸易中,贸易商们对某种贸易术语的理解或解释往往发生争议和纠纷,这使贸易术语的推广、使用产生了困难。于是,某些商业团体、国际组织为了解决这一问题,试图对贸易术语做统一解释,陆续出现了一些有关贸易术语的解释规则,这些规则被越来越多的国家和地区所接受和使用。其中,国际商会于 1936 年制定的《1936 年国际贸易术语解释通则》(*International Rules for the Interpretation of Trade Terms* 1936)在世界上应用最为广泛。最新的修订本是 2010 年 9 月公布的《2010 年国际贸易术语解释通则》,2011 年 1 月 1 日正式生效。

二、国际贸易术语分类

为了便于人们理解和记忆,《2010 年国际贸易术语解释通则》按不同类型将 11 种贸易术语划分为下列 4 个组别。

(一) E 组

E 组为启运(Department)组术语。按这组贸易术语成交,卖方应在自己的处所将货物提供给买方指定的承运人。本组中只有 EXW 一个术语,意为工厂交货。

(二) F 组

F 组为主运费未付(Main Carriage Unpaid)组术语。按这组贸易术语成交,卖方必须将货物交至买方所指定的承运人。这一组中有三个术语:

(1) FCA(Free Carrier),货交承运人。

(2) FAS(Free Alongside Ship),船边交货。

(3) FOB(Free On Board),装运港船上交货。

(三) C 组

C 组为主运费已付(Main Carriage Paid)组术语。按这组贸易术语成交,卖方必须订立将货物运往指定目的港或目的地的运输契约,并把货物装上运输工具或交给承运人。但货物中途灭失或损坏的风险和发运后产生的额外费用,卖方不承担责任。这一组中有四个贸易术语:

(1) CFR(Cost and Freight),成本加运费。

(2) CIF(Cost,Insurance and Freight),成本、保险费加运费。

(3) CPT(Carriage Paid To),运费付至(指定目的地)。

(4) CIP(Carriage and Insurance Paid To),运费、保险费付至(指定目的地)。

(四) D 组

D 组为到达组术语。按这组贸易术语成交,卖方必须承担货物交至目的地国家指定地点所需的一切费用和风险。这一组中有三个贸易术语:

(1) DAP(Delivered At Place),目的地交货。

（2）DAT(Delivery At Terminal)，终点站交货。

（3）DDP(Delivered Duty Paid)，完税后交货。

三、常用国际贸易术语解释

常用的国际贸易术语主要是指 FOB、CIF 和 CFR 三个适用于海上货物运输的贸易术语，同时包括与之相对应可用于包括多式联运在内的各种运输方式的 FCA、CPT、CIP 三个贸易术语。这些贸易术语下的合同一般多采用信用证方式支付。

（一）FOB(Free On Board)，装运港船上交货

船上交货是指卖方在指定的装运港，将货物交至买方指定的船只上，或者指（中间销售商）设法获取这样交付的货物。一旦装船，买方将承担货物灭失或损坏造成的所有风险。卖方被要求将货物交至船只上或者获得已经这样交付装运的货物。按照《2010 年通则》规定，此术语只能适用于海运和内河运输。在使用 FOB 时，销售商负责办理货物出口清关手续。但销售商无义务办理货物进口清关手续、缴纳进口关税或是办理任何进口报关手续。卖方要在约定的时间内和指定的装运港，将合同规定的货物交到买方指派的船上，并及时通知买方。如买方未能按时派船，包括未经卖方同意提前派船或延迟派船，卖方都有权拒绝交货，而且由此产生的各种损失，如空舱、滞期费及卖方增加的仓储费等，均由买方负担。如果买方所派船只按时到达装运港，而卖方没能按时备妥货物，那么，由此产生的各种费用则要由卖方负担。有时买卖双方按 FOB 价格成交，而买方又委托卖方办理租船订舱，卖方也可以酌情接受。但这属于代办性质，由此产生的风险和费用仍由买方承担。

个别国家对 FOB 术语有不同的解释。例如，在北美洲的一些国家采用的《1941 年美国对外贸易定义修订本》中将 FOB 概括为六种，其中前三种是在出口国内指定地点的内陆运输工具上交货，而第四种是出口国内陆交通工具上交货，第五种是装运港船上交货，第六种是在进口国指定内陆地点交货。第四和第五种使用时应加以注意，因为这两种术语在交货地点上可能相同。比如，都是在旧金山(San.Francisco)交货，如果买方要求在装运港口的船上交货，则应在 FOB 和港口之间加上"Vessel"（船）字样，变成"FOB Vessel San.Francisco"，否则，卖方有可能按第四种，在旧金山市的内陆运输工具上交货。

鉴于上述情况，在我国对美国、加拿大等北美洲国家的业务中，采用 FOB 术语成交时，应对有关问题做出明确规定，以免发生误会。

（二）CFR(Cost and Freight)成本加运费

成本加运费是指卖方交付货物于船舶之上或采购已如此交付的货物，而货物损毁或灭失之风险从货物转移至船舶之上起转移，卖方应当承担并支付必要的成本加运费以使货物运送至目的港。按照《2010 年通则》规定，此术语只能适用于海运和内河运输。与 FOB 术语相比，卖方承担的义务中多了一项租船订舱，即卖方要自负费用订立运输合同。而除去海上保险部分外，CFR 和 CIF 合同中买卖双方的义务划分基本上是相同的。卖方要按规定的装

运期在指定装运港将合同要求的货物装船,并及时通知买方,卖方要承担在装运港上船之前的一切风险和费用,并自负风险和费用取得出口许可证或其他官方证件,并办理货物的出口手续。

(三) CIF(Cost,Insurance and Freight),成本、保险费加运费

成本、保险费加运费是指卖方将货物装上船或指(中间销售商)设法获取这样交付的商品。货物灭失或损坏的风险在货物于装运港装船时转移向买方。卖方须自行订立运输合同,支付将货物装运至指定目的港所需的运费和费用。卖方须订立货物在运输途中由买方承担的货物灭失或损坏风险的保险合同。买方须知晓在 CIF 规则下卖方有义务投保的险别仅是最低保险险别。例如,买方望得到更为充分的保险保障,则须与卖方明确地达成协议或者自行做出额外的保险安排。按照《2010 年通则》规定,此术语只能适用于海运和内河运输。

在程租船运输条件下,有关卸货费用的负担,可通过 CIF 的变形来解决。

1. CIF 班轮条件(CIF Liner Terms)

卸货费用按班轮条件办理,即由支付运费的一方负担。

2. CIF 吊钩交货(CIF Ex-tackle)

卖方负担货物从舱底吊到船边卸离吊钩为止的费用。

3. CIF 卸到岸上(CIF Landed)

货物到达目的港后,包括驳船费和码头费在内的卸货费由卖方承担。

4. CIF 舱底交货(CIF Ex-ship's Hold)

买方负担将货物从目的港船舱舱底起吊,卸到码头的费用。

(四) FCA(Free Carrier),货交承运人

货交承运人是指卖方于其所在地或其他指定地点将货物交付给承运人或买方指定人就完成了交货义务,风险将在此点转移至买方。FCA 要求卖方在需要时办理出口清关手续。但是,卖方没有办理进口清关手续的义务,也无须缴纳任何进口关税或者办理其他进口海关手续。

按《2010 年通则》规定,本术语适用于任何运输方式,包括多式联运。FCA 术语由买方负责订立运输合同、指定承运人。但是,《2010 年通则》同时又规定,如果卖方被要求协助与承运人订立运输合同,只要买方承担风险和费用,卖方可以办理,也可以拒绝。如果卖方拒绝,应及时通知买方。

(五) CPT(Carriage Paid To),运费付至

运费付至是指卖方于约定地点将货物交给其指定的承运人或者其他人时,卖方即完成了交货义务。卖方交货后,货物灭失或损害的风险,以及由于时间的发生引起的额外费用转移至买方。卖方必须订立运输合同并支付将货物运至指定目的地所需的运费。该术语与

FCA 术语一样,适用于任何运输方式,包括多式联运。

CPT 术语实际上是 CFR 术语在适用的运输方式上的扩展。CFR 术语只适用于水上运输方式,而 CPT 术语适用于任何运输方式。在买卖双方义务划分原则上是完全相同的。卖方只负责货物的运输,而不负责货物的运输保险。因此,卖方在交货后及时通知买方,以便买方投保。

(六) CIP(Carriage and Insurance Paid to),运费、保险费付至

运费、保险费付至是指卖方于约定地点将货物交给其指定的承运人或者其他人时,卖方即完成了交货义务。卖方交货后,货物灭失或损害的风险,以及由于事件的发生引起的额外费用转移至买方。卖方必须订立运输合同并支付将货物运至指定目的地所需的运费。卖方还须对货物在运输途中灭失或损害的买方风险订立保险合同,支付保费。该术语与 FCA 术语一样,适用于任何运输方式,包括多式联运。

第四节　国际贸易合同磋商及主要条款

一、交易磋商与合同签订

在国际货物买卖中,买卖双方通过口头、电讯、EDI 或数据电文等进行交易洽商,就各项交易条件取得一致协议后,交易即告达成,买卖双方即订立书面合同。

(一) 邀请发盘

邀请发盘也称为询盘,是指交易的一方向另一方探询交易条件,或就该项交易提出带有保留条件的建议,表示交易愿望的一种行为。一般探询的主要是价格,因此有时邀请发盘也称为询价。询盘对交易双方无法律上的约束力。

(二) 发盘

发盘也称为发价、报价,是指交易的一方向另一方提出购买或出售某种商品的各项交易条件,并愿意就此条件达成交易、订立合同的一种肯定性的表示。发盘在法律上称作"要约"。发盘多由卖方发出,也可由买方发出,称作递盘。

1. 发盘的含义

根据《联合国国际货物销售合同公约》(以下简称《公约》)第 14 条第 1 款解释:"向一个或一个以上特定的人提出的订立合同的建议,如果十分确定,并且表明发盘人在得到接受时承受约束的意旨,即构成发盘。"所以构成一个有效的发盘,应具备以下条件:

(1) 发盘要针对一个或一个以上特定的人发出。即发盘中要指明特定的受盘人的名

称。出口商刊登广告,或向国外广泛寄发商品目录、价目表等,一般只能视为邀请发盘,而不视为发盘。

(2) 发盘要表明得到接受时发盘人承受约束的意旨。这种表示,通常用"发盘""报价""订货""递盘"等字样。

(3) 发盘的内容要十分确定。《公约》认为:"一个建议如果写明货物并且明示或暗示规定数量和价格或规定如何确定数量和价格即为十分确定。"按照《公约》的规定,货物名称、数量和价格,这三项条件必须由双方当事人约定。

2. 发盘的撤回与撤销

《公约》第 15 条第 2 款规定,一项发盘即使是不可撤销的,也是可以撤回的。发盘的撤回是指撤回通知在发盘送达受盘人之前,或与原发盘同时送达受盘人,发盘人阻止其生效将其收回的行为。

发盘的撤销是指发盘在送达受盘人之后,发盘人将已经生效的发盘取消。《公约》规定,发盘送达受盘人后,在受盘人尚未表示接受前,发盘人将撤销通知送达受盘人,发盘可予撤销。但下列两种情况下,发盘是不可撤销的:① 在发盘中规定了有效期或以其他方式表示该发盘是不可撤销的;② 受盘人有理由相信该发盘是不可撤销的,并本着对该发盘的信赖采取了行动。

(三) 还盘

还盘是指受盘人不同意发盘中的交易条件而提出修改或变更的意见。还盘可以看成是原发盘受盘人发出的一项新的发盘,因此还盘也称为新的发盘。还盘会产生相应的法律后果:还盘一经做出,则原发盘失效,原发盘对原发盘人的效力解除。

还盘可以在双方之间反复进行,还盘的内容通常仅陈述需变更或增添的条件,对双方同意的交易条件无需重复。

(四) 接受

接受是指受盘人无条件地同意发盘中提出的各项交易条件的一种表示,在法律上称为"承诺"。接受一经送达发盘人,合同即告成立,双方均应履行合同所规定的义务并拥有相应的权利。按《公约》规定,一项有效的接受应符合下列条件:

(1) 须由受盘人做出。由受盘人以外的其他人所做出的接受,只能视作一项新的发盘。

(2) 接受必须是无条件的。这里的无条件是指不能对发盘的内容作任何实质性的变更(包括品名、品质、价格、交付、赔偿)。

(3) 必须在发盘规定的时效内做出。

(4) 接受必须表示出来。缄默或不行动不构成接受。

在接受生效的时间上,《公约》明确规定,接受送达发盘人时生效。

超过发盘的有效期才送达的接受,为逾期接受,一般情况下无效,应视为一项新的发盘。但《公约》规定,如果发盘人毫不迟延地用口头或书面通知受盘人,确认该接受有效,则该逾期接受仍有接受的效力,也即合同于接受通知书送达时生效,而不是受盘人收到确认通知后才生效。

如果接受的逾期是由于传递不正常而造成的,从载有接受的信件或其他书面文件表明,如果传递正常,它本应在有效期内送达。对于这种逾期接受,除非发盘人毫不迟延地通知受盘人,发盘因逾期而失效,否则该接受有效,合同于该接受送达时成立。

在接受送达发盘人之前,受盘人将撤回或修改接受的通知送达发盘人,或两者同时送达,则接受可以撤回或修改。接受一旦送达,即告生效,合同成立,受盘人无权单方面修改其内容。

经双方磋商达成一致的交易条件,最终应以签订书面合同或确认书的形式确定下来,以进一步明确双方的权利和义务。书面合同的签订是合同成立的证据,是合同生效的条件,也是合同履行的依据。按照我国法律的规定,合同必须是书面形式的方为有效,有些国家也承认非书面形式的合同。

二、合同的品名和品质条款

(一) 品名

所谓品名,就是指商品的名称。品名条款通常是在品名的标题下具体列明双方当事人同意买卖的货物名称。也有的合同中的品名条款不加标题,而只写明交易双方同意买卖某种商品的文句。或当同类商品有多种不同规格、等级或型号时,为了明确和表达方便将品名和品质规格结合在同一条款中。总之,品名条款无统一规定格式,合同当事人在协商的基础上确定。

(二) 品质的表示方法

品质是用来描述商品的内在质量和外观形态的。规定商品品质的方法有以文字说明表示和用实物表示两大类,前者又分为凭规格买卖、凭等级买卖、凭标准买卖、凭商标或品牌买卖、凭说明书和图样买卖以及凭产地名称买卖,后者具体分为看货买卖和凭样品买卖两种。

(三) 品质条款

合同中的品质条款应包括商品的名称、货物以及表示商品品质的方法。对于一些质量容易产生误差或不太稳定的工业制成品和初级产品,可在品质条款中规定品质公差或品质机动幅度。

三、合同的数量和包装条款

商品的数量是指一定的度量衡来表示商品的重量、面积、体积、容积、长度、个数的量。合同中的数量条款主要由计量方法和成交数量组成。

（一）计量单位

1. 按重量计算

在按重量计量时，可根据各种商品的具体情况分别按公吨、长吨、短吨、公担、英担、美担、司马担、公斤、市斤、磅、克、盎司、克拉计量。

2. 按数量计算

按数量进行计算的单位较多，常见的有个、件、套、组、台、打、大箩、令、卷、张、袋、箱、桶、包等。

3. 按长度计算

这种方法常用于金属绳索、布匹、绸缎等类商品的买卖。常用的长度单位有米、尺和码等。

4. 按面积计算

这种方法常用于玻璃板、地毯、皮革等类商品的买卖，常见的面积单位有平方米、平方尺和平方码。

5. 按体积计算

这种方法常用于木材、天然气和化学气体的交易，常见的计算单位有立方米、立方尺、立方码。

6. 按容积计算

这种方法常用于酒类、汽油等液体商品的交易，常见的计算单位有公升、加仑、蒲式耳等。

（二）计量方法

1. 毛重

毛重是指商品本身的重量加上包装材料的重量。这种计重方法一般适用于低值的商品。

2. 净重

净重是指商品本身的重量，即除去包装物后的商品的实际重量。国际贸易中以重量计量的商品，大部分都是按净重计价的。不过，有些价值较低的农产品或其他商品有时也采用"以毛作净"的办法计重。

3. 公量

公量是指用科学方法抽去商品中的水分，再加上标准含水量所得的重量。这种方法适用于价值较高而水分含量又很不稳定的棉花、羊毛、生丝等商品。

4. 理论重量

对于一些按固定规格生产和买卖的商品，只要其规格一致，每件重量大体是相同的，所以一般可以从其件数推算出总重量，这就是所谓的理论重量。

（三）数量条款

数量条款中，对于大宗散装货物，如小麦、大豆、煤炭等还需要规定一个交货数量的机动幅度；一般规定溢短装条款或约数。溢短装条款是指合同明文规定卖方交货时允许多交或少交合同数量的百分之几。例如，"5 000 t，卖方可溢装或短装5%"。约数是指在交易数量前面加一个"约"字，即允许卖方交货的数量与合同约定的数量之间可以有某些差异。

（四）包装条款

包装条款是构成商品说明的重要部分。货物包装一般按作用分为运输包装和销售包装两类。

1. 运输包装

运输包装方式有单件运输包装（如箱、包、捆）和集合运输包装（如托盘、集装包和集装箱）。销售包装一般根据商品的特点、市场习惯、消费心理来进行设计研究，尽可能做到装潢美观，引人注目，便于陈列、挑选和携带。目前许多国家普遍在商品的销售包装上印刷条形码。

2. 运输包装标志

运输包装标志是为了在运输过程中便于识别货物，而在商品的外包装上要刷制一定的包装标志。包装标志主要有运输标志、指示性标志和警告性标志。

四、货款的收付

国际货款的收付，通常都通过外汇来结算。货款的结算，主要涉及支付工具、支付时间、地点及支付方式。交易洽商时，买卖双方必须对此取得一致意见并在合同中具体订明。

（一）支付工具

支付工具有货币和票据，一般采用票据为主。货币可以采用卖方国家货币或者买方国家货币，也可以采用双方同意的第三国货币。

票据是一种信用工具，是可以流通转让的债权凭证，是以无条件支付一定金额为目的的有价证券。票据包括本票、支票和汇票。

1. 本票

本票（Promissory Note）是出票人签发的以自己为付款人于见票日或指定日或可以确定的将来时间向收款人或其指定人或持票人无条件支付一定金额的书面承诺。

2. 支票

支票（Check）是银行存款户签发的授权银行对特定的人或其指定的人或持票人在见票时无条件支付一定金额的书面命令。

3. 汇票

汇票(Bill of Exchange)是一个人向另一个人签发的要求在见票日或指定的或可以确定的将来时间向特定的人或其指定的人或持票人无条件支付一定金额的书面命令。

汇票的种类可以分为以下几种:

(1) 按出票人的不同分为商业汇票和银行汇票。

商业汇票是由工商企业或个人开出的汇票;银行汇票是由银行开除的汇票,出票人和付款人都是银行。

(2) 按承兑人的不同分为商业承兑汇票和银行承兑汇票。

商业承兑汇票是指以工商企业为付款人所承兑的汇票;银行承兑汇票是以银行为付款人所承兑的汇票。两者都属于商业汇票。

(3) 按付款期限的不同分为即期汇票和远期汇票。

即期汇票是指在汇票上规定见票后立即付款的汇票。即期汇票无须承兑。远期汇票是指在汇票上规定付款人于一个指定的日期或在将来一个可以确定的日期付款的汇票。远期汇票的付款日期通常有以下几种规定方法:一是规定见票后若干天付款;二是规定出票后若干天付款;三是规定提单签发后若干天付款;四是规定某一特定日期付款。

(4) 按是否随附货运单据分为光票和跟单汇票。

光票是指不附带任何货运单据的汇票。跟单汇票是指开出汇票时附有提单、保险单、发票、商检证等货运单据的汇票。这种汇票有物权保证,在国际贸易中的货款结算大多使用跟单汇票。

汇票的使用一般要经过出票、提示、承兑和付款程序。如须转让,要经过背书手续,如遭拒付,还须制作拒绝证书和行使追索权。

(二) 货款的支付方式

货款的支付方式主要有汇付、托收以及信用证。

1. 汇付

汇付(Remittance)也称汇款,是指付款人通过银行将货款汇交收款人的一种结算方式。汇付有信汇、电汇和票汇三种方式。

2. 托收

托收(Collection)是指出口人于货物装运后,开具以进口人为付款人的汇票,连同有关单据(主要是提单、发票和保险单等)委托当地银行通过它的分支行或代理行向进口人收取货款的方式。托收方式依据汇票是否随附货运单据来分,分为光票托收与跟单托收两种。

3. 信用证

信用证(Letter of Credit,L/C)是出证人以自身名义开立的一种信用文件,就广义而言,它是指由银行或其他人应客户请求做出的一项书面保证,按此保证,出证人承诺在符合信用证所规定的条件下,兑付汇票或偿付其他付款要求。

五、合同的检验、索赔、不可抗力和仲裁条款

(一) 商品检验

商品检验是指在国际货物买卖中,对卖方交付给买方的货物品质、数量和包装进行检验,以确定其是否符合合同规定;有的还对装运技术条件或货物在装卸运输过程中发生的残损、短缺进行检验和鉴定,以明确事故的起因和责任的归属。货物检验条款主要包括检验的时间和地点、检验机构、检验证书等内容。

1. 检验时间与地点

关于买卖合同中的检验时间与地点,通常有下列几种规定办法:在出口国工厂检验、在装运港检验,称为"离岸品质、离岸重量";目的港检验,称为"到岸品质、到岸重量";装运港检验重量和目的港检验品质,称为"离岸重量、到岸品质"和在装运地检验和目的地复验。比较以上做法,最后一种由于买卖双方都比较方便而且公平合理,因而在国际贸易中被广泛采用。

2. 检验机构的选定

检验机构的选定,关系到交易双方的利益,故交易双方应商定检验机构,并在买卖合同中订明。在国际贸易中,从事商品检验的机构多种多样,归纳起来有下列几种:

(1) 官方机构。由国家设立的检验机构。

(2) 非官方机构。由私人或同业公会、协会等开设的检验机构,如公证人、公证行。

(3) 生产制造厂商。

(4) 用货单位或买方。

3. 检验证书

检验证书是检验机构对进出口商品进行检验、鉴定后出具的书面证明文件。它是证明卖方所交货物的品质、数量、包装等项内容是否符合合同规定的依据,是海关凭以验关放行和卖方凭以办理货款结算的一种单据,也是买方对货物的不符合点向卖方索赔和卖方理赔的主要依据。常见的检验证书有:品质检验证书、数量检验证书、重量检验证书、卫生检验证书、兽医检验证书、植物检验证书、消毒检验证书、产地检验证书、价值检验证书等。

(二) 索赔

索赔是指受损方向违约方提出损害赔偿的要求。索赔事件,通常发生在交货期、交货品质、数量等问题上。一般来说,买方向卖方提出索赔的情况较多。关于进出口合同中的索赔条款,通常有下列两种规定办法。

1. 异议与索赔条款

异议与索赔条款多订立在一般商品买卖合同中。该条款的内容,除规定一方如违反合

同,另一方有权索赔外,还包括索赔期限、索赔依据和索赔办法等。

2. 违约金条款

违约是指合同当事人一方未履行合同义务而向对方支付约定的金额。违约金条款一般适用于卖方延期交货,或者买方延迟开立信用证和延期接运货物等情况。违约金数额由交易双方商定,并规定最高限额。违约金条款一般应包括违约金的数额和违约金计算方法。

(三) 不可抗力

不可抗力是指买卖合同签订后,不是由于合同当事人的过失或疏忽,而是由于发生了合同当事人无法预见、无法避免和无法控制的事件,以致不能履行或不能如期履行合同,发生意外事故的一方可以免除履行合同的责任或延迟履行合同。因此,不可抗力是一种免责条款。

不可抗力条款的内容,主要包括不可抗力事件的范围、不可抗力事件的处理原则和方法、事件发生后通知对方的期限和通知方式以及出具事件证明的机构。

1. 不可抗力事件的范围

不可抗力事件的范围较广,通常可分为两种情况:一种是由于"自然力量"引起的,如水灾、火灾、冰灾、暴风雨、大雪、地震等;另一种是由于"社会力量"引起的,如战争、罢工、政府禁令等。

2. 不可抗力事件的处理

发生不可抗力事件后,应按约定的处理原则和办法及时进行处理。不可抗力的后果有两种:一是解除合同;二是延期或部分履行合同。

3. 不可抗力事件的通知和证明

不可抗力事件发生后如影响合同履行时,发生事件的一方当事人,应该按约定的通知期限和通知方式,将不可抗力事件情况如实通知对方。对方在接到通知后,应及时答复,如有异议也应及时提出。

(四) 仲裁

仲裁是国际货物买卖的交易双方解决争议的一种方式,是买卖双方达成协议,自愿将有关争议交给双方所同意的仲裁机构进行裁决。

仲裁协议通常作为合同条款包含在买卖合同之中,又称作仲裁条款。仲裁条款一般包括仲裁地点、机构、仲裁程序与规则、仲裁裁决的效力等内容。仲裁地点的选择与仲裁所适用的程序法甚至实体法有关。买卖双方当事人经商定可以选择在当事人一方所在国仲裁,也可以在第三国仲裁。

仲裁机构是指受理仲裁案件并做出裁决的机构,国际商事方面的仲裁机构有常设机构和临时性仲裁机构两种。

本章小结

国际贸易是指不同国家(或地区)之间进行的商品交换活动。这里讲的商品交换是广义的,即包括有形商品和无形商品的贸易活动。既然国际贸易泛指国家与国家之间的商品交换,那么,它就包括本国与他国之间的贸易,也包括别的国家之间的贸易。

国际贸易方式是指国际间商品流通的做法或形式。随着国际贸易的发展,进行贸易的具体方式也日趋多样化。除了常见的逐笔销售的单边出口方式外,还有诸如独家经销、代理、寄售、展卖、招标投标、拍卖、期货交易、对销贸易、加工贸易等做法。

贸易术语是用一个简短的概念或英文缩写来说明商品的价格构成和买卖双方的费用负担、交货地点、责任承担、风险划分、手续承办等界限。它是国际贸易中进出口商品价格的一个重要组成部分。

在国际货物买卖中,买卖双方通过口头、电讯、EDI或数据电文等进行交易洽商,就各项交易条件取得一致协议后,交易即告达成,买卖双方即订立书面合同。

复习与思考

1. 国际物流与国际贸易的关系如何?
2. 国际贸易的主要方式有哪些?
3. CIF 与 FOB 贸易术语有什么区别?使用它们时应注意什么问题?
4. 信用证有什么特点?使用信用证进行货款收付与使用托收进行收付有什么不同?
5. 国际贸易合同的主要条款有哪些?

第三章　国际物流系统与网络

第一节　国际物流系统概述

一、系统与国际物流系统

系统是由相互作用和相互依赖的若干部分结合而成,是具有特定功能的有机整体,而这个整体又是它所从属的更大系统的组成部分。系统一般需要具有三个特征,即整体性、由多要素组成、要素之间相互关联。作为一个系统,国际物流系统同样符合系统的上述三个特征。因此,国际物流系统也是为实现一定目标而设计的由各相互作用、相互依赖的要素(或子系统)所构成的一定整体。

二、国际物流系统的特征

国际物流系统具有一般物流系统共有的特征。

(一) 具有一定的整体目的性

物流系统要有一定的明确的目的,也就是要将商品按照用户的要求,以最快的方式、最低的成本送到用户手中。

(二) 跨度比较广

国际物流系统主要涉及不同地域的、国际企业的物流。

(三) 具有较强的动态性

它衔接多个供方和需方,系统会随着需求、供应、渠道、价格的变化而变化,而且系统内的要素也同样经常发生变化,稳定性差,动态性强。

(四) 是一个中间系统

国际物流系统是由若干个子系统构成的,同时,它又属于整个大社会的流通系统,受到整个社会经济系统的制约。

（五）有着较强的复杂性

国际物流系统是由各个不同要素构成的，是有形因素和无形因素、可控因素和不可控因素的结合体，这些导致了它的复杂性。

三、国际物流系统的基本要素

国际物流是一个复杂而巨大的系统工程，国际物流系统的基本要素包括一般要素、功能要素、支撑要素和物质基础要素。

（一）国际物流系统的一般要素

国际物流系统的一般要素主要由劳动者、资金和物三方面构成。

1. 劳动者要素

它是现代物流系统的核心要素和第一要素。提高劳动者的素质，是建立一个合理化的国际物流系统并使其有效运转的根本。

2. 资金要素

交换是以货币为媒介的。实现交换的国际物流过程，实际也是资金的运动过程。同时，国际物流服务本身也需要以货币为媒介，国际物流系统建设是资本投入的一大领域，离开资金这一要素，国际物流就不可能实现。

3. 物的要素

物的要素首先包括国际物流系统的劳动对象，即各种实物。此外，国际物流的物的要素还包括劳动工具、劳动手段，如各种物流设施、工具，各种消耗材料（燃烧、保护材料）等。

（二）国际物流系统的功能要素

国际物流系统的功能要素指的是国际物流系统所具有的基本功能，这些基本功能有效地组合、联结在一起，形成了国际物流系统的总功能，由此，便能合理、有效地实现国际物流系统的总目的，实现其自身的时间和空间效益，满足国际贸易活动和跨国公司经营的要求。

国际物流系统的功能要素一般认为有商品的包装、存储、运输、检验、外贸加工和其前后的整理、再包装以及国际配送、物流信息处理等。其中，存储和运输子系统是物流系统的两大支柱。如果从国际物流活动的实际工作环节来考察，国际物流也主要由上述几项具体工作完成。这几项工作也相应地形成各自的子系统。

1. 国际物流运输子系统

运输的作用是将商品使用价值进行空间移动，物流系统依靠运输作业克服商品生产地和需要地之间的空间距离，创造商品的时空效益。国际货物运输是国际物流系统的核心，有时就用运输代表物流全体。通过国际货物运输作业使商品在交易前提下,由卖方转移给买方。在非贸易物流过程中,通过运输作业将物品由发货人转移到收货人。这种国际货物运输具有路线长、环节多、涉及面广、手续复杂、风险性大、时间性强、内外运两段性和联合运输等特点。

所谓外贸运输的两段性,是指外贸运输的国内运输段(包括进口国、出口国)和国际运输段。

(1)出口货物的国内运输段。

出口货物的国内运输段,是指出口商品由生产地或供货地运送到出运港(站、机场)的国内运输,是国际物流中不可缺少的重要环节。离开国内运输,出口货源就无法从产地或供货地集运到港口、车站或机场,也就不会有国际运输段。出口货物的国内运输工作涉及面广,环节多,需要各方面协同努力,组织好运输工作。从摸清货源、产品包装、加工、短途集运、国外到证、船期安排和铁路运输配车等各个环节的情况,做到心中有数,力求搞好车、船、货、港的有机衔接,确保出口货物运输任务的顺利完成,减少压港、压站等物流不畅的情况。国内运输的主要工作有发运前的准备工作、清车发运、装车和装车后的善后工作。

(2)国际货物运输段。

国际(国外)货物运输段是国内运输的延伸和扩展,同时又是衔接出口国运输和进口国货物运输的桥梁与纽带,是国际物流畅通的重要环节。出口货物被集运到车站、机场,办完出口手续后直接装船发运,便开始国际段运输。有的则需暂进港口仓库储存一段时间,等待有效泊位,或有船后再出仓装船外运。国际段运输可以采用由出口国转运港直接到进口国目的港卸仓,也可以采用中转经过国际转运点,再运给用户。

(3)国际货物运输业发展的条件。

国际货物运输业的发展条件将伴随着科技革命的浪潮迅速发展。大宗货物散装化、条件货物集装箱化已成为运输业技术革命的重要标志。现代物流业的迅速发展无不与运输业的技术革命相关联,如现代运输中,特别是联合运输和大陆桥运输的重要媒介——集装箱的发展与进步更令人震惊。这种大规模国际货运业的发展又促进了国际物流业的发展,二者是相辅相成的。

与运输业发展息息相关的运输设施的现代化发展对国际物流和国际贸易的发展起着重大的推进作用,是二者发展的前提。运输设施必须超前发展才能适应国际物流的发展。比如,港口建设方面,在发达国家,普遍认为船等泊位是一种极大的浪费,泊位等船是运输业先导性的客观要求。一般认为港口泊位开工率达30%,码头经营者即可保本;开工率达50%可获厚利;开工率达70%,则会驱使他们建新码头。

西方工业发达国家在国际贸易中处于有利的和领先地位,这与其国际物流运输业的现代化条件是分不开的。

跨国公司如果要想把自己公司生产出来的产品销往全世界,那就得依靠运输子系统。产品通过子系统就可以从一国转移到另一国,从而使产品的使用价值发生空间转移。国际运输主要涉及运输方式的选择、运输单据的处理以及货运保险等有关方面的具体内容。

目前在国际贸易和跨国公司经营过程中经常使用的主要是以下几种运输方式:

（1）公路运输。

该运输方式主要使用汽车在公路上进行货物的运输。公路运输主要承担近距离、小批量的货运和水运、空运、铁路运输难以到达的长距离、大批量货运以及水运、空运、铁路优势难以发挥的短距离运输。

（2）铁路运输。

该运输方式主要使用铁路列车来运送货物。铁路运输主要承担长距离、大批量的货物运输。在没有水运、空运条件的地区，几乎所有大批量的货物都是依靠铁路来进行运输的。

（3）水运。

该运输方式主要使用船舶来运送货物。水运主要承担大批量、长距离的货物运输。在内河及沿海地区，水运业常被用来进行国内外货物的分拨和疏散。

（4）航空运输。

该运输方式主要使用飞机来运送货物。目前，随着客户要求更高水准的服务以及国际运输量的不断增加，空运有潜力成为许多公司配送方案中的重要选择。

2. 国际物流储存子系统

外贸商品的存储、保管使商品在其流通过程中处于一种或长或短的相对停滞状态，这种停滞是完全必要的。因为，外贸商品流通是一个由分散到集中，再由集中到分散的源源不断的流通过程。例如，外贸商品从生产商或供应部门被集中运送到装运出口港（站、机场），以备出口，有时需临时存放一段时间，再从装运港转运出口，是一个集和散的过程。为了保持不断的商品往来，满足出口需要，必然要有一定量的周转储存。有些出口商品需要在流通领域内进行出口商品贸易前的整理、组装、再加工、再包装或换装等，形成一定的贸易前的准备储存。有时，由于某些出口商品在产销时间上的背离，如季节性生产但常年消费的商品和常年生产但季节性消费的商品，则必须留有一定数量的季节储备。当然，有时也会出现一些临时到货，货主一时又运不走，更严重的是进口商品到了港口或边境车站，但通知不到货主或无人认领，这种特殊的临时存放保管也是有的，即所谓的压港、压站现象的出现。这种情况下，国际物流就被堵塞了，物流不畅了，给贸易双方或港方、船方等带来损失。因此，国际货物的库存量往往高于内贸企业的货物库存量也是可以理解的。

由此可见，国际物流运输克服了外贸商品使用价值在空间上的距离，创造物流空间效益，使商品实体位置由卖方转移到买方；而储存保管是克服外贸商品使用价值在时间上的差异，物流部门依靠储存保管创造商品的时间价值。

外贸商品一般在生产厂家的仓库存放，或者在收购供应单位的仓库存放，必要时再运达港口仓库存放，在港口仓库存放的时间取决于港口装运与国际运输作业的有机衔接，也有在国际转运站点存放的。

从物流角度讲，希望外贸商品不要太长时间停留在仓库内，要尽量减少储存时间、储存数量，加速物资和资金周转，实现国际贸易系统的良性循环。

3. 国际物流包装子系统

由于国际物流运输距离长、运量大，运输过程中货物堆积存放、多次装卸，在运输过程中货物发生损伤的可能性大，因此在国际物流中，包装非常重要。集装箱的出现为国际物流活动提供了安全便利的包装方式。

美国杜邦化学公司提出的"杜邦定律"认为：63％的消费者是根据商品的包装装潢进行购买的,国际市场和消费者是通过商品来认识企业的,而商品的商标和包装就是企业的面孔。它反映了一个国家的综合科技文化水平。

商标就是商品的标志。商标一般都需经过国家有关部门登记注册,并接受法律保护,以防假冒,保护企业和消费者的利益。顾客买商品往往十分看重商标,因此,商标关系着一个企业乃至一个国家的信誉和命运。国际进出口商品商标的设计要求有标识力;要求表现一个企业(或者一个国家)的特色产品的优点,简洁明晰并易看、易念、易听、易写、易记;要求有持久性和不违背目标国际市场和当地的风俗习惯;出口商品商标翻译要求传神生动;商标不得与国旗、国徽、军旗、红十字会章相同;不得与宗教标记或政府机关、展览性质集会的标记相同或相近。

在出口商品包装设计和具体作业过程中,应把包装、储存、搬运和运输有机联系起来统筹考虑,全面规划,实现现代国际物流系统所要求的"包、储、运一体化"。即从商品一开始包装,就要考虑储存的方便、运输的快速,以加速物流,方便储运,减少物流费用等。

4. 国际物流商品检验子系统

由于国际贸易和跨国经营具有投资大、风险高、周期长等特点,使得商品检验成为国际物流系统中重要的子系统。通过商品检验,确定交货品质、数量和包装条件是否符合合同规定。如发现问题,可分清责任,向有关方面索赔。在买卖合同中,一般都订有商品检验条款,其主要内容有检验时间与地点、检验机构与检验证明、检验标准与检验方法等。

根据国际贸易惯例,商品检验时间与地点的规定可概括为以下两种做法：

一是在出口国检验。可分为两种情况：在工厂检验,卖方只承担货物离厂前的责任,对运输中品质、数量变化的风险概不负责;装船前或装船时检验,其品质和数量以当时的检验结果为准。买方对到货的品质与数量原则上一般不得提出异议。

二是在出口国检验、进口国复验。货物在装船前进行检验,以装运港双方约定的商检机构出具的证明作为议付货款的凭证,但货到目的港后,买方有复验权。如复验结果与合同规定不符,买方有权向卖方提出索赔,但必须出具卖方同意的公证机构出具的检验证明。

在国际贸易中,从事商品检验的机构很多,包括卖方或制造厂商和买方或使用方的检验单位,有国家设立的商品检验机构以及民间设立的公证机构和行业协会附设的检验机构。在我国,统一管理和监督商品检验工作的是国家进出口商品检验局及其分支机构。究竟选定哪个机构实施和提出检验证明,在买卖合同条款中,必须明确加以规定。进出口商品经检验、鉴定后,应由检验机构出具具有法律效力的证明文件。如经买卖双方同意,也可采用由出口商品的生产单位和进口商品的使用部门出具证明的办法。检验证书是证明卖方所交货物在品质、重量、包装、卫生条件等方面是否与合同规定相符的依据。如与合同规定不符,买卖双方可据此作为拒收、索赔和理赔的依据。

此外,商品检验证书也是议付货款的单据之一。

商品检验可按生产国的标准进行检验,或按买卖双方协商同意的标准进行检验,或按国际标准或国际习惯进行检验。商品检验方法概括起来可分为感官鉴定法和理化鉴定法两种。理化鉴定法对进出口商品检验更具有重要作用。理化鉴定法一般是采用各种化学试剂、仪器器械鉴定商品品质的方法，有化学鉴定法、光学仪器鉴定法、热学分析鉴定法、机械性能鉴定法等。

5. 国际物流配送子系统

配送是指在经济合理区域内，根据用户要求，对物品进行拣选、加工、包装、分割、组配等作业，并按时送达指定地点的物流活动。

（1）配送在国际物流中的地位。

无论多么庞大、复杂的物流过程，最终与服务对象（或者称为物流服务需求者）"见面"的就是那么一小段配送。服务对象满意与否，也只是通过对这段配送的直观感受，即只有在他所希望的时间内，以他所希望的方式，配送到达他所需要的物品，他才会认同整个物流过程。所以可以说，配送功能完成的质量及其达到的服务水平，直观而具体地体现了顾客对物流服务的满意程度。整个物流系统的意义和价值的体现，最终完全依赖于其终端——配送功能的价值实现程度。

（2）配送的现代化趋势。

配送由一般送货形式发展而来，通过现代物流技术的应用来实现商品的集中、储存、分拣和运送，因此，配送过程集中了多种现代物流技术。建立高效的配送系统，必须以信息技术和自动化技术为手段，以良好的交通设施为基础，不断优化配送方式，而这又必然会推动物流新技术的应用和开发。配送系统可以直接利用计算机网络技术构筑，如建立 EDI 系统，以快速、准确、高效地传递、加工和处理大量的配送信息；利用计算机技术，建立计算机辅助进货系统、辅助配送系统、辅助分拣系统、辅助调度系统、辅助选址系统等。另外，在配送系统中利用自动装卸机、自动分拣机、无人取货系统和搬运系统以及相应的条码技术，与信息管理系统相配合，可以使配送中心的效率发挥到最大。

6. 国际物流信息子系统

国际物流信息子系统的主要功能是采集、处理及传递国际物流和商流的信息情报。没有功能完善的信息系统，国际贸易和跨国经营将寸步难行。国际物流信息主要包括出口单位的作业过程信息、支付方式信息、客户资料信息、市场行情信息和供求信息等。

国际物流信息系统的特点是信息量大、交换频繁，传递量大、时间性强，环节多、点多、线长，所以要建立技术先进的国际物流信息系统。国际贸易中 EDI 的发展是一个重要趋势。我国应在国际物流中加强推广 EDI 的应用，建设国际贸易和跨国经营的信息高速公路。

（三）国际物流系统的支撑要素

国际物流系统的运行需要有许多支撑手段，尤其是处于复杂的社会经济系统中，要确立国际物流系统的地位，要协调与其他系统的关系，这些要素就更加必不可少。它们主要包括以下内容。

1. 体制、制度

物流系统的体制、制度决定了物流系统的结构、组织、领导和管理的方式。

2. 法律、规章

国际物流系统的运行,不可避免地涉及企业或人的权益问题,法律、规章一方面限制和规范物流系统的活动,使之与更大的系统相协调,另一方面则是给予保障。合同的执行、权益的划分、责任的确定都要靠法律、规章来维系。各个国家和国际组织的有关贸易、物流方面的安排、法规、公约、协定、协议等也是国际物流系统正常运行的保障。

3. 行政、命令

国际物流系统和一般系统的不同之处在于,国际物流系统关系到国家的军事、经济命脉,所以,行政、命令等手段也常常是国际物流系统正常运转的重要支持要素。

4. 标准化系统

标准化系统是保证国际物流各环节协调运行、保证国际物流系统与其他系统在技术上实现联结的重要支撑条件。

(四) 国际物流系统的物质基础要素

国际物流系统的建立和运行,需要有大量的技术装备手段,这些手段的有机联系对国际物流系统的运行具有决定意义。这些要素对实现国际物流某一方面的功能也是必不可少的。具体而言,物质基础要素主要有以下几点。

1. 物流设施

它是组织国际物流系统运行的基础物质条件,包括物流站、场,物流中心,仓库,国际物流线路,建筑物,公路,铁路,口岸(如机场、港口、车站、通道)等。

2. 物流设备

它是保证国际物流系统运行的物质条件,包括仓库货架、进出库设备、加工设备、运输设备、装卸机械等。

3. 物流工具

它是国际物流系统运行的物质条件,包括包装工具、维修保养工具、办公设备等。

4. 信息技术及网络

它是掌握和传递国际物流信息的手段,根据所需信息水平的不同,包括通信设备及线路、传真设备、计算机及网络设备等。

5. 组织及管理

它是国际物流网络的"软件",起着联结、调运、运筹、协调、指挥其他各要素以保障国际物流系统目的的实现等作用。

第二节 国际物流系统模式

国际物流系统通过其所联系的各子系统发挥各自的功能,比如运输功能、储存功能、装卸搬运功能、包装功能、流通加工功能、商品检验功能以及信息处理功能等。它们相互协作,以实现国际物流系统所要求达到的低国际物流费用和高客户服务水平,从而最终达成国际物流系统整体效益最大的目标。

国际物流系统的一般模式包括系统的输入部分、系统的输出部分以及将系统的输入转换成输出的转换部分。在系统运行过程中或一个系统循环周期结束时,有外界信息反馈回来,为原系统的完善提供改进信息,使下一次的系统运行有所改进,如此循环往复,使系统逐渐达到有序的良性循环。

一、国际物流系统输入部分

国际物流系统输入部分有:备货,货源落实;到证,接到买方开来的信用证;到船,买方派来船舶;编制出口货物运输计划;其他物流信息。

二、国际物流系统输出部分

国际物流系统输出部分的内容有:商品实体从卖方经由运输过程送达买方手中;交齐各项出口单证;结算、收汇;提供各种物流服务;经济活动分析及理赔、索赔。

三、国际物流系统的转换部分

国际物流系统的转换部分包括:商品出口前的加工整理;包装、标签;储存;运输(国内、国际段);商品进港、装船;制单、交单;报关、报检;现代管理方法、手段和现代物流设施的介入。

除了上述三项主要功能外,还有许多外界不可控因素的干扰,使系统运行偏离原计划内容。这些不可控因素可能是国际的、国内的、政治的、经济的、技术上的和政策法令、风俗习惯的制约,这是很难预计控制的,对物流系统的影响很大。如果物流系统具有很强的应变能力,遇到这种情况,马上能提出改进意见,变换策略,那么,这样的系统具有很强的生命力。例如,1956—1967年苏伊士运河封闭,直接影响国际货物的外运。这是事先不能预见的,是因受到外界政治因素的严重干扰的结果。当时日本的对外贸易商品运输正是因此而受到严重威胁,如果将货物绕道好望角或巴拿马运河运往欧洲,则航线增长、时间过长、经济效益太差。为此,日本试行利用北美横贯大陆的铁路线运输,取得了良好的效果,于是大陆桥运输因此得名。这说明当时日本的国际物流系统设计,面对外部环境的干扰,采取了积极措施,使系统具有了新的生命力。

第三节　国际物流网络

一、国际物流网络的概念

所谓国际物流网络,是由多个收发货的"节点"和它们之间的"连线"所构成的物流抽象网络以及与之相伴随的信息流动网络的集合。

所谓收发货节点,是指进、出口过程中所涉及的国内外的各层仓库、中间商仓库、货运代理人仓库、口岸仓库、国内外中转站仓库以及流通加工/配送中心和保税区仓库。国际贸易商品和交流物资,就是通过这些仓库的收进和发出,并在中间存放保管,实现国际物流系统的时间效益,克服生产时间和消费时间上的背离,促进国际贸易系统和国际交往的顺利进行。节点内商品的收与发是依靠运输连线的物流信息的沟通、输送来完成的。

所谓连线,是指连接上述国内外众多收发货节点的运输连线,如各种海运航线、铁路线、飞机航线以及海、陆、空联合运输路线。从广义讲包括国内连线和国际连线。这些网络连线代表仓库货物的移动——运输的路线与过程;每一对节点有许多连线以表示不同的路线、不同的产品的各种运输服务;各节点表示存货流动的暂时停滞,其目的是为了更有效地移动(收或发);信息流动网上的连线通常包括国内外邮件,或某些电子媒介(如电话、电传、电报以及 E-mail 和 EDI 报文等);其信息网络的节点,则是各种物流信息汇集及处理之点,如员工处理国际订货单据、编制大量出口单证,或准备提单,或电脑对最新库存量的记录。物流网络与信息网并非独立存在,它们之间的关系是密切相连的。

物流网与信息网从结构流程图上看似相近,都是由节点和连线组成的。二者最主要的差别是商品/物资的流向与商品的分配、进出口路线不同。物流网朝最终国外消费者方向移动;而信息网的方向大多与商品进出口分配线路方向相反,朝商品货源地方向移动,即实施其反馈功能。信息网在整个国际物流网络系统中的作用不容忽视,它是沟通、主导物流活动的,所以从流向来看,信息流具有双向反馈特点。信息流活动是一个非常复杂的过程,如出口单证编制、交寄、反馈过程等。

二、国际物流网络的构成

国际物流网络系统可以分为三个部分:物流节点、物流通道和信息网络。全部物流活动是在信息网络基础上,在物流节点和物流通道上进行的。包装、装卸、保管、分货、配送、流通加工等物流功能是在节点上完成的;集货运输、干线运输、配送运输等运输活动是物流通道上的主要活动,它是依靠物流节点来组织和联系的,因此,物流节点是物流系统中非常重要的组成部分。信息流为国际物流系统的正常运转提供经营决策的支持和保障作用。国际物流是由多环节、多层次、多因素的子系统构成的复杂系统,每一个子系统信息的输入和输出,都是下一个子系统运行的前提和基础,因此,信息流使整个国际物流系统各节点和通道之间相互沟通,从而形成一体化的运作体系。国际物流信息网络也可以理解为由"信息节点"和它们之间的"信息通道"构成,前者是各种物流信息汇集和处理的点,比如处理国际订货单据、编制出口单证、准备提单等,后者则包括国内外的邮件和其他电子媒介,比如电话、电传、电报、EDI 等。

信息在国际物流网络中更重要,这主要是因为国际物流比国内物流流程更长、运作更复杂。与国内物流相比,国际物流节点和通道比较多,节点间的通道组合选择较多,通道中还有丰富多样的路径组合选择,这就需要根据实际情况进行路线和载体的规划。同时,各通道之间还必须在相关的节点进行转换,这就导致信息量多而复杂。因此,信息的传递、反馈必须及时、准确。只有这样,企业才能根据实际情况做出决策,并在决策执行过程中不断调整物流运作策略,使物流系统高效有序运转。

三、国际物流网络建设应注意的问题

建设国际物流网络的目的是要根据物流的规模和流动方向合理布局网络节点,确定进口货物的买进和卖出流程,保证以相对较低的费用高质量地完成物流服务流程。因此,进行国际物流网络建设时应注意以下问题。

(一)合理布局物流网络系统要素

在规划网络内的建库数目、地点及规模时,物流网络系统要素的布局要紧密围绕着商品交易计划进行。

(二)物流网络系统节点存货均衡

明确各级仓库的供应范围,使各级仓库间能够有机衔接。例如,使生产厂家仓库与各中间仓库、港(站、机场)区仓库以及出口装运能力配合和协同,尽可能减少某一级仓库储存过多并持续过长时间的不均衡状态,保证国际物流畅通。

(三)注重物流技术发展,网络建设留有余地

随着经济的全球化发展,越来越多的企业走向全球化经营,以加强其在国际市场上的竞争力;而国际市场的一体化,必将使国际贸易额不断扩大。现实的要求,一方面使国际物流规模不断扩大,另一方面必将推动物流技术的发展,以使物流网络能够承载扩张的物流规模。因此,物流网络建设必须留有余地,保证各节点和通道能适应新技术的需要,又留有足够的拓展空间,保持适应现实需要的持续高效的国际物流体系。

(四)注意国际物流网络接口的无缝化

在一个经由许多环节、由不同国家不同物流主体组合的国际物流渠道中,各物流运作环节之间都需要转换,并耗费大量时间,如从海运、航空运输到陆运的转换,从托盘到集装箱的转换等。国际物流网络的构建应尽量使这些转换自动化、标准化、规格化,以节省物流时间。实现国际物流网络结构的无缝化有以下几种办法。

1. 建立方便转换的接口系统

不同类型的运输方式和运输工具之间有接口的问题,如不同国家的铁路轨距不同,两条连通的公路有不同的车道数等。公路、铁路、航空、水路运输使用的基础设施不同,它们之间也需要转换。建立方便转换的标准化接口系统,将大大地缩短转换时间。

2. 直拨

直拨是指制造出来的产品直接运到站台或码头,而不是先运到仓库进行储存再发运。采用直拨的方式可以避免"入库—出库—再发运"这样烦琐的流程,以站台或配送中心为临时储存场所,在收货工具和发货运输工具之间建立一个快速转运、配送的平台。大型跨国公司推行的现代直拨业务更多地将它与柔性制造系统结合在一起。

3. 接口信息及管理

接口信息需要通过管理系统进行管理。单证、票据往往是跨越系统接口的信息交换工具,EDI就是专门用于管理这些跨越接口的信息的一种信息交换标准和技术。条形码也可作为一种跨越系统边界的商品识别标志,其背后的数据库在跨越边界时常有障碍,因此需要在一定范围内通过授权共享机制共享数据库。商品物流包装上的一些通用语言、符号、代码等都可以作为接口,能够被识别、认同。

四、国际物流网络规划设计的中心问题

完善和优化国际物流网络,为加速商品周转、资金流动和商品的国际流通,促进商品尽早、尽快地打入并占领国际市场,提供了切实有效的途径,是扩大对外贸易、提高跨国公司的竞争力和成本优势的重要保证。可以说,离开国际物流网络的合理规划和设置,国际贸易活动将寸步难行。在国际物流网络规划设计中,应明确的中心问题是:

(1) 确定进出口货源点(或货源基地)和消费者的位置、各层级仓库及中间商批发店和零售点的位置、规模和数量,从而确定国际物流网络系统的合理布局。

(2) 在合理布局国际物流网络的前提下,确定国际商品由买方实体流动的方向、规模、数量,确定国际贸易的贸易量、贸易过程(流程)的重大战略、进出口货物的卖出和买进的流程、流向、物流费用、国际贸易经营效益等。

第四节　国际物流节点

整个国际物流过程是由多次的运动—停顿—运动—停顿所组成。与这种运动相对应的国际物流网络就是由执行运动使命的线路和执行停顿使命的节点这两种基本元素组成。线路与节点相互关联组成了不同的国际物流网络。国际物流网络水平高低、功能强弱则取决于网络中这两个基本元素的配置。由此可见,国际物流节点对优化整个国际物流网络起着重要作用。它不仅执行一般的物流职能,而且还越来越多地执行着指挥调度、

信息等神经中枢的职能,因而日益受到人们的重视。所以人们把国际物流节点称为整个物流网络的灵魂。

一、国际物流节点的功能

物流节点是物流网络中连接物流线路的节点之处,在物流过程中,包装、装卸、保管、分拣、配货、流通加工等,都是在物流节点上完成的。所以说,物流节点在物流系统中居于非常重要的地位。实际上,物流线路上的活动也是靠节点组织和联系的。如果离开节点,物流线路上的运动就必然会陷入瘫痪。

国际物流节点是指那些从事与国际物流相关活动的物流节点,如制造厂仓库、中间商仓库、口岸仓库、国内外中转点仓库以及流通加工和配送中心以及保税区仓库、物流中心等;国际贸易商品或货物就是通过这些仓库和中心收进和发出,并在中间存放和保管,来实现国际物流系统的时间效益,克服生产时间和消费时间上的分离,促进国际贸易系统顺利运行的。

(一) 衔接功能

国际物流节点将各个物流线路连接成一个系统,使各个线路通过节点变得更为贯通而不是互不相干,这种作用我们称之为衔接作用。

国际物流节点一般采取以下手段衔接物流:

(1) 通过转换运输方式,衔接不同运输手段;

(2) 通过加工,衔接干线物流及配送物流;

(3) 通过储存,衔接不同时间的供应物流与需求物流;

(4) 通过集装箱、托盘等集装处理,衔接整个"门到门"运输,使之成为一体。

在物流未形成系统化之前,不同路线的衔接有很大困难。例如,轮船的大量输送线和短途汽车的销量输送线,两者的输送形态、输送装备都不相同,再加上运量的巨大差异,所以往往在两者之间有很长时间的间隔,然后才能逐渐实现转换,这就使两者不能贯通。物流节点利用各种技术的、管理的方法,则可以有效地起到衔接作用,将中断转化为通畅。

(二) 信息功能

在国际物流系统中,每一个节点都是物流信息的一个点,若干个这种信息点和国际物流系统中的信息中心连接起来,便形成了指挥、调度、管理整个系统的信息网络,这是一个国际物流系统建立的前提条件。

(三) 管理功能

国际物流系统的管理设施和指挥机构大都设置于物流节点处。整个物流系统的运转有序化、正常化和整个物流系统的效率高低都取决于物流节点的管理水平。

二、国际物流节点的类型

在国际物流中,由于各个物流的不同以及节点在网络中的地位不同,节点的主要作用往往也不同,故迄今尚无明确的分类。这里仅根据其主要功能分为以下几类。

(一)运转型节点

运转型节点是以连接不同运输方式为主要职能的节点。例如,铁道运输线上的货站、编组站、车站等;公路运输线上的车站、货场等;航运线上的机场;海运线上的港口、码头等;不同运输方式之间的转运站、终点站、口岸等。国际货物在这类节点上停滞的时间较短。

(二)储存型节点

储存型节点是以存放货物为主要职能的节点。例如,储备仓库、营业仓库、中转仓库、口岸仓库、港口仓库、货栈等。国际货物在这类节点上停滞时间较长。

(三)流通型节点

流通型节点是以国际货物在系统中运动为主要职能的节点。例如,流通仓库、流通中心、配送中心就属于这类节点。

(四)综合性节点

综合性节点是指在国际物流系统中集中于一个节点中全面实现两种以上主要功能,并且在节点中并非独立完成各种功能,而是将各项功能有机结合成一体的集约型节点,如国际物流中心。

国际物流中心是指国际物流活动中商品、物资等集散的场所。就大范围国际物流而言,某些小国家或地区可能成为物流中心,如中国香港、新加坡就具有国际物流中心的地位。而自由贸易区、保税区、出口加工区等则具有一般意义上的物流中心的功能。就小范围而言,港口码头、保税仓库、外贸仓库或者超级市场等都可以成为物流中心。当前人们所指的国际物流中心多指由政府部门和物流服务企业共同筹建的具有现代化仓库、先进的分拨管理系统和计算机信息处理系统的外向型物流集散地。

三、常见国际物流节点

(一)口岸

1. 口岸的概念

口岸是国家指定的对外往来的门户,是国际货物运输的枢纽。从某种意义上说,它是一种特殊的国际物流节点。许多企业都在口岸设有口岸仓库或物流中心。口岸物流是国际物流的组成部分。

口岸原来的意思是指由国家指定的对外通商的沿海港口。但现在,口岸已不仅仅是经济贸易往来(即通商)的商埠,还包括政治、外交、科技、文化、旅游和移民等方面的外来港口,同时口岸也已不仅仅设在沿海的港口。随着陆、空交通运输的发展,对外贸易货物、进出境人员及其行李物品、邮件包裹等,可以通过铁路、公路和航空直达一国腹地。因此,在开展国际联运、国际航空、国际邮包邮件交换业务以及其他有外贸、边贸活动的地方,国家也设置了口岸。

改革开放以来,我国外向型经济由沿海逐步向沿边、沿江和内地辐射,使得口岸也由沿海逐渐向边境、内河和内地城市发展。现在,除了对外开放的沿海港口之外,口岸还包括:国际航线上的飞机场;山脉国境线上对外开放的山口;国际铁路、国际公路上对外开放的火车站、汽车站;国际河流和内河上对外开放的水运港口。

因此,口岸是由国家指定对外经贸、政治、外交、科技、文化、旅游和移民等来往,并供往来人员、货物和交通工具出入国(边)境的港口、机场、车站和通道。简单地说,口岸是国家指定对外往来的门户。

2. 口岸的分类

口岸可以从不同的角度进行分类,常用的分类方法有以下两种:

(1) 按批准开放的权限划分。

按照批准开放的权限划分,可将口岸分为一类口岸和二类口岸。

一类口岸是指由国务院批准开放的口岸(包括中央管理口岸和由省、自治区、直辖市管理的部分口岸)。

二类口岸是指由省级人民政府批准开放并管理的口岸。

(2) 按出入国境的交通运输方式划分。

按出入国境的交通运输方式划分,可将口岸分为港口口岸、陆地口岸和航空口岸三种。

港口口岸是指国家在江河湖海沿岸开设的供人员和货物出入国境及船舶往来停靠的通道。港口口岸包括海港港口口岸和内河港口口岸。

陆地口岸是指国家在陆地上开设的供人员和货物出入国境及陆地上交通运输工具停站的通道。陆地口岸包括国(边)境以及国家批准内地可以直接办理对外进出口经济贸易业务往来和人员出入境的铁路口岸和公路口岸。

航空口岸又称空港口岸,是指国家在开辟有国际航线的机场上开设的供人员和货物出入国境及航空器起降的通道。

此外,在实际工作中,还经常使用边境口岸、沿海口岸、特区口岸、重点口岸、新开口岸和老口岸等提法。这些分类虽然尚未规范化,但它们在制定口岸发展规划及各项口岸管理政策方面,还是有一定积极作用的。

3. 口岸的功能

(1) 口岸是一个国家主权的象征。

口岸权包括口岸开放权、口岸关闭权、口岸管理权,其中口岸管理权包括通信许可权、口岸行政权、关税自主权、检查权、检验检疫权等。

（2）口岸是一国对外开放的门户。

对外开放表现为在政治、经济、军事、文化、资源保护、制止国际犯罪、维护世界和平等领域的广泛合作和交流，这种国际间的交流与合作通过口岸得以实现。

（3）口岸是国际货运枢纽。

口岸是国际往来的门户，是对外贸易货物、进出境人员、行李物品、邮件包裹进出的地点。

（二）港口

港口是水陆空交通的集节点和枢纽，工农业产品和外贸进出口物资的集散地，船舶停泊（飞机降落）、装卸货物、上下旅客、补充给养的场所。正由于港口是联系内陆腹地和海洋运输（国际航空运输）的一个天然界面，因此人们也把港口作为国际物流的一个特殊节点。

1. 港口的特点

港口之所以能在现代国际生产、贸易和物流系统中发挥战略作用，主要是由港口的以下特点决定的：

首先，港口在整个物流供应链上是最大量货物的集节点。

经济全球化使国际贸易量急速增加，港口作为海洋运输的起点与终点，无论是集装箱货还是散货，远洋运输总是承担着其中最大的运量，因而港口在整个物流供应链上总是最大量货物的集节点。当需要从事附加的工业、商业和技术活动时，选择在港口这样的集节点进行往往最能取得规模经济效益。

其次，港口往往是生产要素的最佳结合点。

如果两个大陆之间，或者两个相距甚远的国家之间在生产要素方面有着最大的禀赋差异，那么，要把这些生产要素以最有利的方式结合起来，港口往往是最合乎逻辑的选址。许多国家依赖于进口原材料的钢铁厂往往都建在港口地区，其原因也在于此。在港口地区建设出口工业，利用钢铁作为原材料生产汽车和机械，就可以节省大量的成本，增强在国际市场上的竞争力。

最后，港口往往是最重要的信息中心。

对于国际物流来说，港口仍然是不同运输方式汇集的最大、最重要的节点。在港口地区落户的有货主、货运代理行、船东、船舶代理行、商品批发部、零售商、包装公司、陆上运输公司、海关、商品检验机构及其他各种有关机构。因此，港口就成为一个重要的信息中心。

2. 港口的功能

联合国贸易与发展会议在《第三代港口市场和挑战》报告中强调指出："贸易港口作为海运转为其他运输方式（陆运、空运或内河航运）的必要过渡点的作用逐渐减弱，作为组织外贸的战略要点的作用日益增强，成为综合运输链当中的一个主要环节，是有关区域经济和产业发展的支柱……国家贸易的后勤总站。"在综合物流时代，港口的功能主要体现在以下几个方面：

（1）运输功能。

港口既是水陆空运输工具的衔接点，又是水运货物的集散地。港口虽然主要供船舶停靠使用，但为了客货的运输，港口必须与陆路（航空）交通相接，它实际上是把水上运输、陆上运输和航空运输连接在一起,并因此出现了一种新概念,认为港口是交通运输的"综合体"。

(2) 工业功能。

目前世界上大多数工业基地都建在港口附近,这是因为港口能够通过水运为工业生产提供大量廉价的原料并运送其产品。临港工业区已成为各国和地区经济发展的龙头。

(3) 商业功能。

凭借港口十分活跃的货物的转运和旅客运输,国际贸易及金融业务都伴随港口发展起来。目前,世界上大部分的商业城市都是世界著名港口。

(4) 物流功能。

充分利用港口的各种资源,加速货物的流通,提供货物的流通效益和效率。

(5) 经济辐射功能。

随着港口功能的不断完善和现代物流业的发展,港口对海外和内陆腹地的辐射作用逐渐扩大和加深,对周边地区经济发展的带动作用不断增强,这不仅促进了腹地经济的发展和对外交流,也使港口功能得以拓展和完善。

(6) 现代物流中心功能。

港口作为国际物流的一个特殊节点,能有效地将物流、资金流和信息流融为一体,同时,现代物流产业已在全球范围内迅速发展成为一个极具发展空间和潜力的新兴产业,也有越来越多的港口为提升竞争力,正在向现代物流中心发展。

3. 港口的分类

港口种类繁多,因其地理位置和服务对象的不同,港口可分成以下几类:

(1) 按用途分类。

① 商港。主要是供旅客上下和货物装卸转运用的港口。其中又可分为综合港和专业港。综合港是指用于旅客运输和装卸转运各种货物的港口,如我国的上海港、天津港、大连港等,国外的如荷兰的鹿特丹港、德国的汉堡港、日本的神户港等。专业港是指专门进行某一种货物的装卸或以此种货物为主,如我国的秦皇岛港主要以煤炭和石油为主,澳大利亚的丹皮尔港以铁矿石出口为主等。

② 渔港。专为渔船服务的港口。渔船在这里停靠并卸下捕获物,同时进行淡水、燃料以及其他物资的补给,渔港还进行水产品的储藏和加工作业等。

③ 工业港。固定为某一工业企业服务的港口称为工业港,专门负责该企业进行原材料、产品和所需物资的装卸转运工作,一般都设于工厂附近,而有的又是在商港范围内划出一定的区域专为某企业服务。

④ 军港。专供军舰停泊使用的港口,也进行军事物资的运输作业。军港受严格的管制,一般不对外开放。

⑤ 避风港。供船舶在大风情况下临时避风的港口称为避风港。

(2) 按地理位置分类。

① 海港。在地理条件和水文气象方面具有海洋性质,而且为海船服务的港口称为海港。又可分为:

a. 海湾港。位于海湾内,常有岬角或岛屿等天然屏障做保护,不需要或只需要较少的人工防护即可防御风浪的侵袭。例如,我国的大连港在大连湾内,海岸线长 40 多公里,湾内港阔水深;青岛港位于胶州湾东岸等。

b. 海峡港。处于大陆与岛屿或岛屿与岛屿之间的海峡地段上的港口,如新加坡港位于新加坡岛屿巴丹岛、卡利门岛之间的海峡上。海峡一般都是重要的海上运输通道,港口的建立对海上运输提供了极大的便利,同时对当地的经济发展有极大的作用。

② 河口港。位于入海河流河口段的港口。这里具有良好的水运条件,兼有海运、河运之利,为港口的发展提供了方便条件。现在世界上一些大港多数为河口港,如我国的上海港、广州港,荷兰的鹿特丹港等。

③ 河港。位于沿河两岸,并且具有河流水文特性的港口称为河港,如我国位于长江沿岸的南京港、武汉港等。

④ 湖港。位于湖泊沿岸的港口,作为国际性的湖泊具有国际运输的功能,而与海洋相通的湖泊也往往成为国际性的港口,如北美五大湖区的多伦多港。

（3）按国际贸易政策分类。

国际贸易港是政府指定对外开放的航运贸易港,有外交关系国家的船舶可自由进出,无外交关系的,经批准也可通行,但需办理有关通行手续。我国实行对外开放政策,大部分的港口都是国际贸易港。国内贸易港是专供本国商船出入的,外轮原则上不得驶入。但有的国家允许外轮去装货,先到附近的国际港办妥手续后才可驶入。自由港亦称"自由口岸",指全部或绝大多数国外商品可以免税进出口的港口。这种港口划在所在国家关境之外,外国货物进港可免缴关税,还可以在港内自由改装、加工、拣选、长期储存或销售。

（4）按水运系统中的地位和作用分类。

① 干线港是港口功能高度集约化的产物,这类港口所在城市的经济、金融与贸易十分发达,有广阔的经济腹地,有众多的固定航线通往国内和世界各主要港口,是世界性的大型枢纽港。进行大宗货物干线运输的环球航行船队在这些港口挂靠,卸下货物后,再通过支线运输转运到其他中、小港口。

② 支线港也是国际性的港口。这类港口与邻近各国的港口有业务联系,或与同一海域邻近一些海上国家的港口有联系。大型干线船队一般不在这类港口挂靠,在这里靠泊的都是直达或支线船,它们服务于本港经济腹地的生产或消费,没有固定的航运支线,很少进行运转。因此,港口泊位数量一般较少,装载效率较低,竞争能力较差。但从吞吐量来看,有些支线港也非常大。

③ 地区型港一般较小,经济影响的辐射面较窄。它主要为国内或更小区域的船舶运输服务,通常是区域性国际航线或分支航线的挂靠港,或是少数区域性国际港航线及国内集装箱航线的起始港、终点港。

此外,根据装卸货物的不同,港口还可以分为综合性港口和专业性港口。综合性港口是指能够装卸多种货物的港口。专业性港口是指专门或者主要从事某种货物的装卸作业的港口。

（三）仓储

1. 仓储的功能

随着社会劳动生产率的提高,人们生产的产品日益增多,除满足自身需要外还有剩余,人们把这些剩余产品保存起来,便于日后再消费或进行交换,这便是仓储。

在任何社会,只要有商品生产便有商品流通,就必然会有商品储存。所以说,仓储是商品流通的一种特殊行业,是商品流通领域中不可缺少的重要环节。主要表现为以下几个方面:

(1) 仓储有克服生产和消费在时间上的间隔的作用。

为调整生产和消费在时间上的间隔,为解决这些季节性生产或季节性消费的产品所产生的时间上的矛盾,必须设置仓库将这些产品储存于其中,使其发挥时间效用。

(2) 仓储能在质量上对进入市场的商品起保证作用。

商品从生产领域进入流通领域的过程中,通过仓储环节对进入市场的商品进行检验,可以防止质量不合格的伪劣商品混入市场。

(3) 仓储对加速商品周转、加快流通起着保护作用。

随着仓储业的发展,仓储本身已不仅是货物的储存,而且越来越多地承担着具有生产特性的加工业务,如挑选、整理、加工、简单的装配、包装、加标签、备货等活动,仓储过程与生产过程更有机地结合在一起,从而增加了商品的价值。

(4) 仓储具有调节商品价格的作用。

商品的仓储可以克服生产旺季和生产淡季与消费者之间的巨大供求矛盾,并以储存调节供求关系,调整由于供求矛盾造成的供求差异。

(5) 仓储可以直接起到调节运输工具载运能力不平衡的作用。

无论是进口仓库还是出口仓库都可减少压船、压港,弥补内陆运输工具在运量上的不足,在船舶与内陆运输之间起着缓冲调节作用,以保证货物运输顺利通畅。

(6) 口岸仓储可以实施货物运输作业,起到减少货损货差的作用。

仓储是商品流通中收购、销售、储存、运输四个基本环节不可缺少的重要一环。随着国际贸易的发展,加强仓储管理是缩短商品流通时间、节约流通费用的重要手段。随着综合物流管理的进程,仓储业开展集装箱的拆、装箱作业,集装箱货运站兼营国际贸易货物仓储业务越来越普遍,仓储业正在通过开展物流管理拓展延伸服务业务,发挥着国际物流运输网络的节点作用。

2. 现代仓储的效用

西方经济管理学者认为:一件产品或服务的价值如果得到了市场的认可,它会给消费者提供四种效用,即形态效用、占有效用、时间效用和空间效用。仓储活动创造价值在于它在物质的存储、保管过程中形成了时间效用、空间效用和形态效用。

(1) 时间效用。

所谓"时间效用",是指同一种物品由于时间状态的不同,其使用价值的实现程度也有所不同,从而最大限度地提高了投入产出比的现象。

经济社会中,供给需求之间存在时间差是一种普遍的客观存在。通过改变这个时间差,商品能实现自身最高价值,人们能获得更理想的收益。仓储活动通过缩短、弥补或延长这个时间差,可以实现其"时间价值"。

① 缩短时间差创造效用。

马克思在《资本论》中指出:"流通时间约等于零或接近于零,资本的职能就越大,资本产生的效率就越高,它的自行增值就越大。"

例如,戴尔使用先进的库存管理方式,平均库存天数降到 7 天以内。一般的 PC 机厂商库存时间为 2 个月,而中国 IT 巨头联想集团是 30 天。流通时间大大缩短,这都产生了时间效用。在某种程度上,交通运输通过将商品更快地运到需求地点也产生时间效用。例如,通过快递把货物送到需要地,为顾客创造了价值。

② 弥补时间差,创造效用。

常年生产、常年消费或季节生产、季节消费,无论何种情况,生产和消费之间,总有或长或短时间的停滞,形成了商品储存,弥补了时间差,创造了效用。

③ 延长时间,创造效用。

加快流通速度,缩短时间可以创造更多效用。然而在某些具体物流中也存在人为地、能动地延长时间差创造效用的情况。

在不同时期,市场对同一种商品的需求程度是经常变动的,若对物品进行合理储存一段时间,待市场对物品的需求程度提高时,再将其投放市场,这样物品的使用价值将会得到最大限度的发挥。

(2)空间效用。

产品和服务不仅要在客户需要的时间提供,而且还必须在他们需要的地点提供,这就称为场所效用(空间效用)。

例如,在广州可以买到世界各地的新鲜水果;南方产的香蕉全国各大城市一年四季都能买到;新疆哈密瓜、东北大米等不分季节地供应市场;中国的纺织品、玩具、日用品等近年大量进入美国市场,这些都和运输息息相关。

(3)形态效用。

形态效用是指以制造、生产和组装来增加产品的价值。仓储活动能产生产品的形态效用。

只要我们留意超市里的货柜就可以发现,那里摆放的各种洗净的蔬菜、水果、肉末、鸡翅等都是通过改变包装形态与发运批量,产生形态效用。再如把仓储中的大米依据客户要求分装至不同的标准包装袋中重新包装、贴标签,再批量发给客户,也可产生形态效用。

3. 仓储管理费

仓储管理费是指发生在仓储期间整体成本的总和。仓储管理费直接表示了仓储的成本,是仓储成本核算、成本管理、仓储费定价的依据。

仓储管理费由一定时期的仓储经营的资本费用、保管费、搬运费、耗损费、保险费、税费等构成。将仓储管理费分摊到同期的仓储量中,就可确定每一仓储量的仓储成本。

(四)出口加工区

1. 出口加工区的定义

出口加工区是指专为发展加工贸易而开辟的经济特区。出口加工区的产生和发展是国际分工的必然结果,是全球经济一体化的重要表现。第二次世界大战后,西方工业国家的经济出现了相对稳定的发展时期,特别是科学技术的巨大进步,使西方工业国家的生产力和对外贸易空前发展,并导致了资本与技术过剩。同时,国际分工从过去的产业间分工发展为产业内部的分工,劳动密集型产业从发达国家逐步向发展中国家(地区)转移。一些工业发达国家和地区从输出商品到输出资本,进而发展到在东道国开办工厂。20世纪60年代前后,不少发展中国家(地区)大力发展出口加工制造业,以增加外汇收入,出口加工区由此应运而生。1959年,爱尔兰在香农国际机场创建了世界第一个出口加工区。此后的50多年来,出口加工区在全球遍地开花,成为所在国或地区吸引外资最多、对外贸易最为活跃的区域,有力地促进了各国和地区经济的发展。20世纪80年代以来,全球出口加工区出现了新的发展趋势。部分出口加工区的出口加工业由劳动密集型转向技术密集型,纷纷建立新的技术型的出口加工区。部分出口加工区的企业和高等院校、科研机构密切结合,形成雄厚的科技力量,以科技为先导,大力开发技术、知识密集型的新兴产业和高附加值的尖端产品,成为世界瞩目的知识型出口加工区——科学工业园区。科学工业园区同出口加工区一样,通过划出一个地区,提供多方面的优惠待遇,吸引外国的资本和技术,但它从事的是高技术产品的研制,促进技术、知识密集型产品的发展和出口。

我国为促进加工贸易发展,规范加工贸易管理,将加工贸易分散向相对集中型管理转变,给企业提供更宽松的经营环境,鼓励扩大外贸出口。2000年4月27日,国务院正式批准设立出口加工区。为有利于运作,我国将出口加工区设在已建成的经济技术开发区内,并选择若干地区进行试点。首批批准进行试点的有15个出口加工区,包括辽宁大连出口加工区、天津出口加工区、北京天竺出口加工区、山东烟台出口加工区、山东威海出口加工区、江苏昆山出口加工区、江苏苏州工业园出口加工区、上海松江出口加工区、浙江杭州出口加工区、福建厦门杏林出口加工区、广东深圳出口加工区、广东广州出口加工区、湖北武汉出口加工区、四川成都出口加工区和吉林珲春出口加工区。

2. 出口加工区和保税区的主要区别

(1)功能。加工区的功能单一,仅限于产品外销的加工业务。区内可设置少量为加工企业生产提供服务的仓储企业以及经海关核准专门从事区内货物进、出的运输企业。保税区的功能则比较多,如加工、贸易、仓储及展览。

(2)退税政策。国内原材料、物料等进入加工区视同出口,海关按照对出口货物的有关规定办理报关手续,并在货物办理入区报关环节签发出口退税报关单,区外企业凭报关单出口退税联及有关凭证向税务部门办理出口退税手续。而进入保税区的国内货物,必须等货物实际离境后,才能办理出口退税手续。

(3)成品内销政策。加工区销往境内区外的货物,海关按照对进口货物的有关规定办理报关手续并按制成品征税。保税区内销的物品,海关应根据货物的实际情况分别处理。

(4)国内税收政策。国家对区内加工出口的产品和应税劳务免征增值税、消费税。保税区内国家对应税劳务没有免费优惠。

(五)自由贸易区

1. 自由贸易区的内涵

自由贸易区也称对外贸易区、自由区、工商业自由贸易区等。自由贸易区是划在关境以外,对进出口商品全部或大部分免征关税,并且准许在港内或区内开展商品自由储存、展览、拆散、改装、重新包装、整理、加工和制造等业务活动,以便于本地区的经济和对外贸易的发展,增加财政收入和外汇收入。

狭义的自由贸易区,是指一个国家或单独关税区内设立的用栅栏隔离、置于海关管辖之外的特殊经济区域。区内允许外国船舶自由进出,外国货物免税进口,取消对进口货物的配额管制,也是自由港的进一步延伸,如德国汉堡的自由贸易区。自由贸易区有两个特点:一是该集团内成员相互取消关税或其他贸易限制;二是各成员独立保留自己的对外贸易政策,尤其是关税政策,所以自由贸易区又称为半关税同盟。目前,世贸组织的成员国中,已建135个自由贸易区。

2. 自由贸易区提供的服务功能

在自由贸易区内,可以提供仓储、再加工、展示及各种服务,未售出的各种商品可以前来储存,或针对市场需要对商品进行分类、分级和改装,或进行商品展销,以便选择有利时机,就地销售或改临近市场销售。许多自由贸易区都直接经营转口贸易,因其具有优越的地理位置和各种方便及优惠的条件,所以大量货物是在流经自由贸易区后投放世界市场的。最重要的是,各国的自由贸易区普遍豁免关税和减免其他税收,还在土地使用、仓库、厂房租金、水电供应、劳动工资等方面采取低收费的优惠政策。这是大量商品聚集于此的重要原因。

自由贸易区各种功能的发挥,促进了国际贸易的发展。自由贸易区商品进出、储存及整理的条件,以及可以降低产品成本并增加市场竞争能力的优惠措施,吸引了广大的投资者,极大地促进了国际贸易和国际物流的发展。

3. 设置自由贸易区的优势

设置自由贸易区的好处主要是:① 利用其作为商品集散中心的地位,扩大出口贸易和转口贸易,提高设置国家和地区在国际贸易中的地位,增加外汇收入;② 有利于吸收外资,引进国外先进技术与管理经验;③ 有利于扩大劳动就业机会;④ 刺激所在国交通运输业发展和促进边区经济发展。

4. 自由贸易区的分类

一般来说,自由贸易区可以分为两种类型。一种是把设区的所在城市划为自由贸易区。另一种是把设区的所在城市的一部分划为自由贸易区。例如,汉堡自由贸易区是由汉堡市的两部分组成的,只有划在卡尔波兰特航道以东的自由港和划在卡尔波兰特航道以西的几个码头和邻近地区才是汉堡自由贸易区。这个自由贸易区位于港区的中心,占地5.6平方英里。外国商品只有运入这个区内才能享有免税等优惠待遇,不受海关监督。

自由贸易区按类型分为商品自由区和工业自由区。前者不允许货物的拆包零售和加工制造。贸易性是自由贸易区的鲜明特点。为充分利用其位于或邻近国际贸易地区通道的优势,发展转口贸易,规定只要是主权国家允许进出口的商品,均可进入区内,并可免交关税,也不必办理海关手续;商品进区后,可存储、拆散、分级、分类、重新包装、重新标签、与外国或国内商品混合和再出口等。除对这类商品进入所在国其他地区限制较严外,对进出自由港区的活动不加限制。

5. 自由贸易区一般规定

许多国家对自由贸易区的规定大同小异,归纳起来,主要有以下几点:

(1) 关税方面的规定。

对于允许自由进出口贸易区的外国商品,不必办理报关手续,免征关税。少数已征收进口税的商品如烟、酒等再出口,可退还进口税。但是,如果港内或区内的外国商品转运入所在国的国内市场销售,则必须办理报关手续,缴纳进口税。这些报关的商品,既可以是未加工的,也可以是加工的。有些国家对在港内或区内进行加工的外国商品往往是有特定的征税规定。例如,美国政府规定,用美国的零配件和外国的原材料装配或加工的产品,进入美国市场时,只对该产品所包含的外国原材料的数量或金额征收关税。同时,对于该产品的增值部分也可免征关税。又如,奥地利政府规定,外国商品在其自由贸易区内进行装配或加工后,商品增值 1/3 以上者,即可取得奥地利原产地证明书,可免税进入奥地利市场;增值 1/2 以上者,即可取得欧洲自由贸易联盟原产地证明书,可免税进入奥地利市场和其他欧洲自由贸易联盟成员国市场。

(2) 业务活动的规定。

对于允许进入自由贸易区的外国商品,可以储存、展览、拆散、分类、分级、修理、改装、加工、重新包装、重新贴标签、清洗、整理、加工和制造、销毁、与外国的原材料或所在国的原材料混合、再出口或向所在国国内市场出售。

由于各国情况不同,有些规定也有所不同。例如,在加工和制造方面,瑞士政府规定储存在区内的外国商品不得进行加工和制造,如要从事这项业务,必须取得设立在伯尔尼的瑞士联邦海关厅的特别许可,方可进行。但是,在第二次世界大战后,许多国家为了促进经济与对外贸易的发展,都在放宽或废除这些规定。

(3) 禁止和特别限制的规定。

许多国家常对武器、弹药、爆炸品和其他危险品以及国家专卖品(如烟草、酒、盐等)禁止输入或凭特种进口许可证才能输入;有些国家对少数消费品的进口要征收高关税;有些国家规定对某些生产资料在港内或区内使用也应缴纳关税,如意大利规定在的里雅斯特自由贸易区内使用的外国建筑器材、生产资料等也包括在应征收关税的商品范围之内。此外,有些国家,如西班牙等,还禁止在区内零售。

第五节　国际物流连线

国际物流连线是指连接国内外众多收发货节点间的运输线,如各种海运航线、铁路线、飞机航线以及海、陆、空联合运航线。这些网络连线是库存货物的移动(运输)轨迹的物化形式;每一对节点间有许多连线,以表示不同的运输路线、不同产品的各种运输服务;各节点表示存货流动的暂时停滞,其目的是为了更有效地移动。

国际物流连线实际上也是国际物流流动的路径。它主要包括国际海运航线及海上通道、国际航空线、国际铁路运输线与大陆桥、国际主要输油管道等。

一、国际海运航线及海上通道

世界各地水域,在港湾、潮流、风向、水深及地球球面距离等自然条件的限制下,可供船舶航行的一定路径,称为航路。海上运输承运人在许多不同的航路中,根据主客观条件,为达到最大的经济效益所选定的营运航路统称为航线。

(一) 国际海运航线形成的主要因素

国际航线的形成主要取决于以下几个方面的因素。

1. 安全因素

安全因素是指船舶航行的路线须考虑到自然界的种种现象,如风向、波浪、潮汐、水流、暗礁及流冰等。因为上述种种现象会影响到船舶航行的安全。

2. 货运因素

货运因素是指该航线沿途货运量的多寡。货运量多,航行的船舶就多,也必定是繁忙的航线。

3. 港口因素

港口因素是指船舶途经和停靠的港口水深是否适宜,气候是否良好,航道是否宽阔,有无较好的存储装卸设备、便利的内陆交通条件、低廉的港口使用费和充足的燃料供应。

4. 技术因素

技术因素是指船舶航行时从技术上考虑选择最经济和快速的航线航行。

除上述因素外,国际政治形势的变化,有关国家的经济政策、航运政策等也会对航线的选择和形成产生一定的影响。航线选择的好坏,直接关系到航运业的经济效益,因此航运公司都十分重视航线的选择。

(二) 国际海运航线的分类

海运航线从不同的角度有不同的划分方法。

1. 按照船舶经营方式划分

按照船舶经营方式,可分为定期航线和不定期航线。

(1) 定期航线。

这是指使用固定的船舶,以固定的船期,航行固定的航线,靠泊固定的港口,以相对固定的运价经营客货运输的远洋航运事业。定期航线的经营,以航线上各港口能有持续和比较稳定的往返货源为先决条件,所以定期航线又称班轮航线。

(2) 不定期航线。

这是与定期航班相对而言,是指使用不固定的船舶,以不固定的船期,行驶不固定的航线,靠泊不固定的港口,以租船市场的运价,经营大宗、低价货物业务为主的航线。

2. 按照航程远近划分

按照航程远近,可分为远洋航线、近洋航线和沿海航线。

(1)远洋航线。

这是指使用船舶或其他水运工具跨越大洋的运输航线。例如,从我国各港口跨越大洋航行至欧洲、非洲、美洲和大洋洲等地的航运路线。

(2)近洋航线。

这是指本国各港至邻近国家港口间的海上运输航线。我国习惯上是指各港东至日本海,西至马六甲海峡,南至印度尼西亚沿海,北至鄂霍次克海的各海港间的航线。

(3)沿海航线。

这是指本国沿海各港口间的海上运输路线。例如,大连至青岛、天津至上海的航线。

国际贸易货物运输主要是通过远洋运输来完成的。

(三)国际海运航线中的重要海上通道——海峡、运河

在国际海运航线中最重要的海峡有:英吉利海峡、马六甲海峡、霍尔木兹海峡、直布罗陀海峡、黑海海峡、曼德海峡、朝鲜海峡、台湾海峡、望加锡海峡、龙目海峡等。其中以英吉利海峡、马六甲海峡和霍尔木兹海峡为最繁忙的海峡。最重要的运河有苏伊士运河、巴拿马运河。

1. 英吉利海峡

英吉利海峡介于大不列颠岛和欧洲大陆之间,连同东部的多佛尔海峡总长约 600 千米。海峡东窄西宽,东部最窄处仅 22 千米,西段则宽达 180 千米。西通大西洋,东北通北海,一般水深至少 25 米。英吉利海峡地处国际海运要冲,是世界上最繁华的水道,西欧、北欧等十多个国家与世界各国的海运航线几乎全部通过这里。每年通过海峡的船舶达 17.5 万多艘次,货运量 6 亿多吨。由于海峡地处西风带,海水自西向东流入,而海峡恰向西开口成喇叭状,因而会造成很大的海潮,加上风大雾多,航道狭窄,所以经常发生事故。

2. 马六甲海峡

马六甲海峡位于马来半岛和苏门答腊岛之间,连接南海和安达曼海,是沟通太平洋和印度洋的海上交通要道。海峡长约 800 千米,自东南向西北成喇叭形。最窄处约 37 千米,西北口宽可达 370 千米,水深 25～113 米,可通行 25 万吨级大型油轮。海峡地处赤道无风带,风力很小,海流缓慢,潮差较小,海峡底部较为平坦,对航运极为有利。北太平洋沿岸国家与南亚、中东和非洲各国间的航线多经过这里,每年通过海峡的船只约有 10 万艘次。

3. 霍尔木兹海峡

霍尔木兹海峡在亚洲西南部,是波斯湾出印度洋的咽喉,东连阿曼湾。海峡长约 148 千米,呈"人"字形。海峡最窄处 21 千米,最浅处水深 71 米。多年来,每天都有几百艘油轮从波斯湾经此开出,将原油运往日本、西欧和美国等地,在国际航运中占有重要的地位。霍尔

木兹海峡也因此成为一条闻名的"石油海峡"。

4. 苏伊士运河

苏伊士运河建于 1859—1869 年,北起塞得港,南至陶菲克港,全长 173.2 千米。它是沟通地中海和红海的运河,把大西洋和印度洋连接起来,大大缩短了从欧洲通往印度洋和大西洋沿岸各国的航程,比绕道好望角的航线要缩短 8 000~14 000 千米,而且比较安全。目前,苏伊士运河为最繁忙的国际运河,每年通过运河的船只 2 万艘次以上。

5. 巴拿马运河

巴拿马运河始建于 1881 年,1914 年完工,1920 年正式通航。运河起自巴尔博亚海茨至克里斯蒂巴尔止,全长 81.3 千米。它缩短了大西洋与太平洋之间的航程,比绕道麦哲伦海峡近 5 000~10 000 千米。巴拿马运河是仅次于苏伊士运河的世界第二大通航运河。每年通过运河的船只约 1.5 万艘次,最大可供 6.2 万吨级船舶出入。因太平洋水位比加勒比海的水位高,巴拿马运河是水闸式运河,所以通过运河的时间长约 15 小时。

(四) 世界主要大洋航线

国际大洋航线是指贯通一个或数个大洋的航线,它包括太平洋航线、大西洋航线、印度洋航线、北冰洋航线,以及通过巴拿马运河或苏伊士运河连接两大洋的航线等,又称为远洋航线。目前国际大洋航线密如蛛网,其中主要有以下几条。

1. 太平洋航线

(1) 远东—北美西海岸航线。

该航线包括从中国、朝鲜、日本、俄罗斯远东海港到加拿大、美国、墨西哥等北美西海岸各港的贸易运输线。从我国沿海各港出发,偏南的经大偶海峡出东海;偏北的经对马海峡穿日本海后,或经清津海峡进入太平洋,或经宗谷海峡,穿过鄂霍茨克海进入北太平洋。

(2) 远东—加勒比海、北美东海航线。

该航线经夏威夷群岛至巴拿马运河后到达加勒比,北美东海岸。从我国北方沿海港口出发的船只多半经大偶海峡或经琉球奄美大岛出东海。

(3) 远东—南美西海岸航线。

从我国北方沿海各港出发的船只多经琉球奄美大岛、硫黄列岛、威克岛、夏威夷群岛之南的莱恩群岛穿越赤道进入南太平洋,至南美西海岸各港。

(4) 远东—东南亚航线。

该航线是中、朝、日货船去东南亚各港,以及经马六甲海峡去印度洋、大西洋沿岸各港的主要航线。东海、台湾海峡、巴士海峡、南海是该航线船只的必经之路,航线繁忙。

(5) 远东—澳大利亚、新西兰航线。

中国北方沿海港口经朝鲜、日本到澳大利亚东南岸和新西兰港口的船只,需走琉球久米岛、加罗林群岛的雅浦岛进入所罗门海、珊瑚海;中澳之间的集装箱船须在香港加载或转船后经南海、苏拉威西海、班达海、阿拉弗拉海,后经托雷斯海峡进入珊瑚海。中国、日本去澳大利亚西海岸航线经菲律宾的都洛海峡、望加锡海峡以及龙目海峡进入印度洋。

（6）澳大利亚、新西兰—北美东西海岸航线。

由澳大利亚、新西兰至北美西海岸多经苏瓦、火奴鲁鲁等太平洋上重要航站到达。至北美东海岸则取道社会群岛中帕皮提，过巴拿马运河而至。

2. 大西洋航线

（1）西北欧—北美东海岸航线。

该航线是西欧、北美两个世界工业最发达地区之间的燃料和产品交换的运输线，运输极为繁忙，船舶大多走偏北大圆航线。该航区冬季风浪大，并有浓雾、冰山，对航行安全有威胁。

（2）西北欧、北美东海岸—加勒比航线。

西北欧—加勒比航线多半出英吉利海峡后横渡北大西洋。它同北美东海岸各港出发的船舶一起，一般都经莫纳海峡、英吉利海峡进入加勒比海。除加勒比海沿岸各港外，还可经巴拿马运河到达美洲太平洋岸港口。

（3）西北欧、北美东海岸—地中海、苏伊士航线。

西北欧、北美东海岸—地中海、苏伊士航线属世界最繁忙的航段，它是北美、西北欧与亚太海湾地区间贸易往来的捷径。该航线一般途经亚速尔群岛、马德拉群岛上的航站。

（4）西北欧、地中海—南美东海岸航线。

该航线一般经西非大西洋岛屿—加纳利群岛、佛得角群岛上的航站。

（5）西北欧、北美东海—好望角、远东航线。

该航线一般是巨型油轮的航线。佛得角群岛、加纳利群岛是过往船只停靠的主要航站。

（6）南美东海—好望角—远东航线。

这是一条以石油、矿石运输为主的航线。该航线处在西风漂流海域，风浪较大。一般西航偏北行，东航偏南行。

3. 印度洋航线

印度洋航线以石油运输为主，此外有不少是大宗货物的过境运输。

（1）波斯湾—好望角—西欧、北美航线。

该航线主要由超级油轮经营，是世界主要的海上石油运输线。

（2）波斯湾—东南亚—日本航线。

该航线东经马六甲海峡（20万载重吨以下船舶可行）或龙目、望加锡海峡（20万载重吨以上超级油轮可行）至日本。

（3）波斯湾—苏伊士运河—地中海—西欧、北美航线。

除了以上三条石油航线之外，印度洋其他航线还有：远东—东南亚—东非航线；远东—东南亚航线；地中海—西北欧航线；远东—东南亚—好望角—西非、南美航线；澳、新—地中海—西北欧航线；印度洋北部地区——欧洲航线。

4. 世界集装箱海运干线

目前，世界集装箱航线主要有：① 远东—北美航线；② 北美—欧洲、地中海航线；③ 欧洲、地中海—远东航线；④ 远东—澳大利亚航线；⑤ 澳、新—北美航线；⑥ 欧洲、地中海—西非、南非航线。

（五）中国的主要海运航线

1. 近洋航线

（1）港澳线。到香港、澳门地区。

（2）新马线。到新加坡，马来西亚的巴生港、槟城和马六甲等港。

（3）暹罗湾线，又可称为越南、柬埔寨、泰国线。到越南海防、柬埔寨的磅逊和泰国的曼谷等港。

（4）科伦坡、孟加拉湾线。到斯里兰卡的科伦坡、缅甸的仰光、孟加拉国的吉大港和印度东海岸的加尔各答等港。

（5）菲律宾线。到菲律宾的马尼拉港。

（6）印度尼西亚线。到爪哇岛的雅加达、三宝垄等。

（7）澳大利亚、新西兰线。到澳大利亚的悉尼、墨尔本、布里斯班和新西兰的奥克兰、惠灵顿。

（8）巴布亚新几内亚线。到巴布亚新几内亚的莱城、莫尔兹比港等。

（9）日本线。到日本九州岛的门司和本州岛的神户、大阪、名古屋、横滨和川崎等港口。

（10）韩国线。到韩国釜山、仁川等港口。

（11）波斯湾线，又称阿拉伯湾线。到巴基斯坦的卡拉奇，伊朗的阿巴斯、霍拉姆沙赫尔，伊拉克的巴士拉，科威特的科威特港，沙特阿拉伯的达曼。

2. 远洋航线

（1）地中海线。到地中海东部黎巴嫩的贝鲁特、的黎波里，以色列的海法、阿什杜德，叙利亚的拉塔基亚，地中海南部埃及的塞得港、亚历山大，突尼斯的突尼斯港，阿尔及利亚的阿尔及尔、奥兰，地中海北部意大利的热那亚，法国的马赛，西班牙的巴塞罗那和塞浦路斯的利马索尔等港。

（2）西北欧线。到比利时的安特卫普，荷兰的鹿特丹，德国的汉堡、不来梅，法国的勒弗尔，英国的伦敦、利物浦，丹麦的哥本哈根，挪威的奥斯陆，瑞典的斯德哥尔摩和哥德堡，芬兰的赫尔辛基等。

（3）美国、加拿大线。到加拿大西海岸港口温哥华，美国西岸港口西雅图、波特兰、旧金山、洛杉矶，加拿大东岸港口蒙特利尔、多伦多，美国东岸港口纽约、波士顿、费城、巴尔的摩、波特兰和美国墨西哥湾的莫比尔、新奥尔良、休斯敦等港口。

（4）南美洲西岸线。到秘鲁的卡亚俄，智利的阿里卡、伊基克、瓦尔帕莱索、安托法加斯塔等港。

二、国际航空线

（一）国际主要航空站

目前不少国家的首都和重要城市都建有国际航空站，下面列出主要航空站。

1．亚洲

主要包括北京、上海、香港、东京、马尼拉、新加坡、曼谷、仰光、加尔各答、孟买、卡拉奇、德黑兰、贝鲁特。

2．北美洲

主要包括华盛顿、纽约、芝加哥、亚特兰大、洛杉矶、旧金山、西雅图、蒙特利尔、温哥华。

3．欧洲

主要包括伦敦、巴黎、法兰克福、苏黎世、罗马、维也纳、柏林、哥本哈根、雅典、华沙、莫斯科、布加勒斯特。

4．非洲

主要包括开罗、喀土穆、内罗华、约翰内斯堡、拉各斯、达喀尔、阿尔及尔、布拉柴维尔。

5．拉丁美洲

主要包括墨西哥城、加拉加斯、里约热内卢、布宜诺斯艾利斯、圣地亚哥、利马。

（二）世界重要航空线

1．西欧—北美的北大西洋航空线

该航线主要连接巴黎、伦敦、法兰克福、纽约、芝加哥、蒙特利亚等航空枢纽。

2．西欧—中东—远东航空线

该航线连接西欧各主要机场至远东的香港、北京、东京等机场，并途经雅典、开罗、德黑兰、卡拉奇、新德里、曼谷、新加坡等重要航空站。

3．远东—北美间的北太平洋航线

这是北京、香港、东京等机场经北太平洋上空至北美西海岸的温哥华、西雅图、旧金山、洛杉矶等机场的航空线，并可延伸至北美东海岸的机场。太平洋中部的火奴鲁鲁是该航线的主要中继加油站。

此外，还有北美—南美，西欧—南美，西欧—非洲，西欧—东南亚—澳新，远东—澳、新，北美—澳、新等重要国际航空线。

三、国际铁路运输线与大陆桥

（一）国际货物运输中的主要铁路干线

1．西伯利亚大铁路

东起海参崴，途经哈巴罗夫斯克、赤塔、伊尔库茨克、新西伯利亚、鄂木斯克、车里雅宾斯克、萨玛拉，至莫斯科。全长9 300多千米，以后又延伸至纳霍德卡。该线东连朝鲜和中国，西接北欧、西欧、中欧各国，南由莫斯科往南可接外高加索诸国，并且，可以接中亚诸国。我国与俄罗斯、东欧国家及伊朗之间的贸易，主要经西伯利亚大铁路。

2. 加拿大连接东西两大洋的铁路

(1) 鲁珀特港—埃德蒙顿—温尼伯—魁北克线;

(2) 温哥华—卡尔加里—温尼伯—散德贝—蒙特利尔—圣约翰—哈利法克斯铁路线。

3. 美国连接东西两大洋的铁路

(1) 西雅图—斯波坎—俾斯麦—圣保罗—芝加哥—底特律线;

(2) 洛杉矶—阿尔布开克—堪萨斯城—圣路易斯—辛辛那提—华盛顿—巴尔的摩线;

(3) 洛杉矶—图森—帕索—休斯敦—新奥尔良线;

(4) 旧金山—奥格登—奥马哈—芝加哥—匹兹堡—费城—纽约线。

4. 中东—欧洲铁路

从伊拉克的巴士拉,向西经巴格达、摩苏尔、叙利亚、土耳其的阿达纳、科尼亚、厄斯基色希尔至博斯普鲁斯海峡东岸的于斯屈达尔,过博斯普鲁斯大桥至伊斯坦布尔,接巴尔干铁路,向西经索菲亚、贝尔格莱德、布达佩斯至维也纳,连接中、西欧的铁路网。

(二) 大陆桥

大陆桥是指把海与海连接起来的横贯大陆的铁路。大陆桥运输则是利用大陆桥进行国际集装箱海陆联运的一种运输方式。目前广泛使用的大陆桥有西伯利亚大陆桥、新西欧大陆桥和北美大陆桥。

1. 西伯利亚大陆桥

西伯利亚大陆桥把太平洋远东地区与俄罗斯波罗的海、黑海沿岸及西欧大西洋岸连接起来,为世界最长的大陆桥。十几年来,这条大陆桥运输线的西端已从英国延伸到了包括西欧、中欧、东欧、南欧、北欧的整个欧洲大陆和中东各国,其东端发展到了韩国、菲律宾、中国等地。从西欧到远东,经大陆桥为 13 000 千米,比海上经好望角航线缩短约 1/2 的路程,比经苏伊士运河航线缩短约 1/3 的路程,同时运费要低 20%~25%。时间也可节省 35 天左右。

目前经过西伯利亚往返于欧亚之间的大陆桥运输路线主要有三种:

第一种,铁/铁路线。由日本、中国香港等地用船把货箱运至俄罗斯的纳霍德卡和东方港,再用火车经西伯利亚铁路运至白俄罗斯西部边境站,然后继续运至欧洲和伊朗或相反方向。

第二种,铁/海路线。由日本等地用船把货箱运至俄罗斯的纳霍德卡和东方港,再经西伯利亚铁路运至波罗的海的圣彼得堡、里加、塔琳和黑海的日丹诺夫、伊里切夫斯克,再装船运至北欧、西欧、巴尔干地区港口,最终运交收货人。

第三种,铁/卡路线。由日本等地用船把货箱运至俄罗斯的纳霍德卡和东方港,再用火车经西伯利亚铁路运至白俄罗斯西部边境站布列斯特附近的维索科里多夫斯克,再用卡车把货箱运至德国、瑞士、奥地利等国。

2. 新亚欧大陆桥

新亚欧大陆桥东起中国连云港,经陇海、兰新、北疆铁路,在阿拉山口与哈萨克斯坦境内的铁路相接,最终可达鹿特丹。全长约 2 万千米,沿线自然、经济条件比经伯利亚大陆桥优越,已于 1992 年 12 月正式开始国际集装箱营运,为亚欧联运提供了一条便捷、快速和可靠的运输通道,能更好地促进世界经济与技术的交流和合作。

3. 美国大陆桥

美国大陆桥是北美大陆桥的组成部分,是最早开辟的远东—欧洲水陆联运线路中的第一条大陆桥,但后来因东部港口和铁路拥挤,货物到达后往往很难及时装卸,抵消了大陆桥运输所节省的时间。目前,美国大陆桥运输基本上陷于停顿状态,但在大陆桥运输过程中又形成了小陆桥和微型陆桥的运输方式,这两种运输方式发展很快。

4. 美国小陆桥

小陆桥运输是海/陆或陆/海形式。例如,远东至美国东部大西洋沿岸或美国南部墨西哥湾沿岸的货运,可由远东装船运至美国西海岸,转装铁路(公路)专列运至东部大西洋或南部墨西哥湾沿岸,然后改装内陆运输运至目的地。

5. 美国微型陆桥

微型路桥只用了部分陆桥,因此又称半陆桥运输。例如,远东至美国内陆城市的货物,改用微型路桥运输,则货物装船运至美国西部太平洋沿岸,换装铁路(公路)集装箱专列可直接运至美国内陆城市。微型陆桥比小陆桥优越性更大,既缩短了时间,又节省了运费,因此近些年来发展迅速,也为中国采用。

本章小结

国际物流系统是一个多环节的复杂系统。其中的各个子系统伴随着流动的物料将它们联系在一起,根据系统的总目标,各个环节间相互协调,适时、适量地配置和调度系统的资源。国际物流系统是由商品的运输、储存、装卸搬运、包装、检验、外贸加工及国际物流信息等子系统构成的。运输和储存子系统是物流系统的主要组成部分,国际物流通过商品的储存和运输,实现其自身的时间和空间效益,满足国际贸易活动和跨国公司经营的要求。

国际物流系统网络是由多个收发货的"节点"和它们之间的"连线"所构成的物流抽象网络以及与之相伴随的信息流网络的有机整体。收发货"节点"是指进、出口国内外的各层级仓库,如制造厂仓库、中间商仓库、口岸仓库、国内外中转点仓库以及流通加工配送中心和保税区仓库。

国际物流信息系统的主要功能是采集、处理和传递国际物流和商流的情报。国际物流信息的主要内容包括进出口单证的作业过程、支付方式信息、客户资料信息、市场行情信息和供求信息等。国际物流信息系统的特点是信息量大,交换频繁,时间性强;环节多,点多,线长。要实施有效的国际物流管理,必须改善国际物流的业务流程,以实现较低成本基础上的流程自动化,从而降低国际物流的成本,缩短国际物流的时间。将条码技术、

EDI、GPS等信息技术集成起来,建立一个高效的国际物流集成信息系统,并使信息流能在开放的国际物流过程中循环流动,可以提高物流过程的运作效率,真正满足客户对产品和信息的需求。

复习与思考

1. 国际物流系统由哪些要素构成?
2. 国际物流系统能实现哪些功能?
3. 国际物流节点是如何实现衔接功能的?
4. 国际物流港口应具备哪些功能?
5. 世界上主要有哪几条大洋航线?
6. 世界上主要有哪些大陆桥?

第四章　国际航运(物流)中心

第一节　国际航运(物流)中心概述

一、国际航运中心概述

国际航运(物流)中心是一个功能性的综合概念,是融发达的航运市场、丰沛的物流、众多的航线航班于一体,一般以国际贸易为依托的国际航运枢纽。纵观古今中外的国际航运中心,无一不是当时世界知名的国际贸易港口,其承载开展国际贸易活动所必须的各种活动,而物流业务是其中的重要内容。从这个意义上说,国际航运中心是重要的国际物流节点,因此国际航运中心也可以说是国际物流中心。当然,当今的国际航运(物流)中心除了包含国际贸易传统业务之外,还承担了以"一带一路"为代表的区域间联合发展、以"亚洲基础设施投资银行"为代表的国际与区域间金融中心建设以及区域经济发展中心等角色。

二、国际航运中心发展概况

中国是促进早期国际航运(物流)中心发展的重要国度,凭借着当时自身航运(物流)工具的发达,中国是较早实现世界航行的主要国家,为开辟以古代"海上丝绸之路"为代表的新航路和促进日后国际贸易发展起到了重要作用。

中国作为一个具有漫长海岸线和辽阔海洋的国家,早在新石器时代就有最早开始乘舟弄潮的先民,秦汉时期航海事业就已经相当发达了。1974年年底在广州发现了南越国宫署遗址,在宫署遗址下又发现了秦代造船遗址;1975年在挖掘造船遗址时清理出一段29米长的船台,1997年又发现了3 600平方米的造船木料加工厂。可见,中国古代造船技术的发达为中国开辟新航路奠定了基础。到了公元2世纪,中国发明和使用了船尾舵,比欧洲早了近1 000年;到了12世纪,宋代先民就最早开始使用指南针导航,全面提升了商船远航能力。这一时期,中国同世界60多个国家有着直接的商贸往来。"涨海声中万国商"的繁荣景象,透过来自欧洲和阿拉伯的旅行家的笔墨,引发了西方世界一窥东方文明的大航海时代的热潮。

作为海上商贸活动的重要载体,海运航线的开辟至关重要。以古代"海上丝绸之路"为代表的新航路的发展为中国和世界各国带来了重要商机。"海上丝绸之路"是指古代中国与世界其他地区进行经济文化交流交往的海上通道。早在公元前,便已有东海与南海两条起航线。其中一条以中国徐闻港、合浦港等港口为起点的"海上丝绸之路";另一条是以中国番禺(今广州)和徐闻为起点的"海上丝绸之路",这一条航路在秦始皇统一岭南后发展很快。

中国所开辟的这一古代"海上丝绸之路"从中国东南沿海,经过中南半岛和南海诸国,穿过印度洋,进入红海,抵达东非和欧洲,成为中国与外国贸易往来和文化交流的海上大通道,并推动了沿线各国的共同发展。中国输往世界各地的主要货物,从丝绸到瓷器与茶叶,形成一股持续吹向全球的东方文明之风。

"海上丝绸之路"的发展离不开国际航运中心的发展。从3世纪30年代起,广州已成为"海上丝绸之路"的主港。唐宋时期,广州成为中国第一大港,明初、清初海禁,广州长时间处于"一口通商"局面,是世界海上交通史上唯一的2 000多年长盛不衰的大港;宋末至元代时,泉州成为中国第一大港,并与埃及的亚历山大港并称为"世界第一大港",后因明清海禁而衰落,泉州是唯一被联合国教科文组织承认的"海上丝绸之路"起点。在东汉初年,宁波地区已与日本有交往,到了唐朝,成为中国的大港之一,两宋时,靠北的外贸港先后为辽、金所占,或受战事影响,外贸大量转移到宁波。因此,这一时期中国古代"海上丝绸之路"主要由广州、泉州、宁波三个主港和其他支线港组成。

宋元时代中国的造船技术已经举世称雄,而明代郑和将军统率的宝船队更是当时世界上最庞大的远洋船队。1275年,来自威尼斯的探险家马可·波罗来到中国,在中国古都南京的心脏地带看到这个庞大的船厂,令马氏惊叹不已。许多船有540英尺长,载重量达到1 500吨,当中包括巨型宝船。根据明朝编年史记载,宝船的船身长44丈(即400英呎),比哥伦布的旗舰还要长5倍。公元1405年7月11日,郑和将军奉明成祖朱棣之命,率领2.7万余人从江苏太仓刘家港出发,出使中国南海以西的国家和地区,称为"下西洋"。在28年的时间里,郑和将军曾先后以福州为驻泊基地和开航起点,7次率船队远航,到过东南亚、印度洋、红海、东非北岸等30多个国家和地区。在世界航海史上,郑和将军被认为是开辟了贯通太平洋西部与印度洋的直达航线。他把当时先进的丝绸、瓷器、度量衡、历法等商品和科技带到沿途国家,被誉为中国的"和平使者"。

郑和将军的成就验证了15世纪中国航海家们在世界海运技术上的领先地位,然而郑和将军却无法延续这种辉煌。1433年,明政府突然停止航海,船舶被焚烧,造船被禁止。63年后,欧洲航海家伽马绕过好望角。87年以后哥伦布发现美洲大陆,114年后麦哲伦从西班牙出发,绕过南美洲,发现麦哲伦海峡,然后横渡太平洋,完成第一次环球航行。150年以后库克船长到达了澳大利亚。到16世纪,欧洲的海运业有了飞速的发展。

马可·波罗回到意大利后,中国的航海技术在威尼斯和热那亚得以广泛传播。威尼斯和热那亚是欧洲航海中心的摇篮。之后,安特卫普和阿姆斯特丹迅速崛起,造船和航海迅速发展,促进了生产和贸易的发展。18世纪的伦敦不甘落后,航海热潮引发了工业革命,工业革命又加速了航运(物流)中心的建成。在工业革命中诞生的蒸汽机船带着航运(物流)中心的种子跨越太平洋,将航运(物流)中心的种子撒播在北美大陆肥沃的土地上。

进入到 20 世纪中叶,航运(物流)中心又不辞辛劳,开始万里跋涉,跨越大西洋,落户到了日本和韩国。

中国航运(物流)中心的复苏始于 20 世纪 60 年代。以 1961 年中远创立为标志。1970 年船舶载重吨只有 86.7 万吨;1980 年达到 860 万吨;1990 年达到 1 390 万吨;2003 年达到了 1 730 万吨。自 1995 年起,海上运输进口开始腾飞。在 1995 年至 2003 年间中国进口贸易从 1.82 亿吨增至 5.34 亿吨,从世界海上进口贸易份额 2% 增至 7%,2004 年达 8%。中国航运(物流)中心的复苏酝酿了 20 年,从 1974 年到 1994 年,进口贸易总量增加了 1 亿吨之多;之后,进入了高增长时期,从 1995 年到 2000 年再增 1 亿吨货物进口量;从 2001 年到 2002 年,增长势头加快。2003 年出现"井喷",仅 1 年就又增 1.1 亿吨货物进口量。全年进口总量达 5.34 亿吨,其中 38% 来自钢铁工业的发展,22% 来自石油工业。中国进口贸易在不到 10 年的时间里增长了 5 亿多吨! 2004 年世界航运(物流)业全线飘红,克拉克松指数表明,在 2004 年 2 月 13 日平均租船激增至前所未有的 33 874 美元/天。

在新千年刚刚开始之际,国际航运(物流)中心于 2004 年又重新回到 600 年前的发祥地:中国。今天的中国面临着国际航运(物流)中心伟大复兴的重任。

三、国际航运(物流)中心内涵

(一) 国际航运中心的概念

国际航运中心是指拥有航线稠密的集装箱枢纽港、深水航道、集疏运网路等硬体设施,并拥有为航运业服务的金融、贸易、信息等软体功能的港口城市。

世界主要国际航运(物流)中心城市为伦敦、纽约、鹿特丹、新加坡、香港、上海等。

(二) 国际航运中心的特点

一是国际航运中心是以大型的、现代化的深水港为枢纽核心的港口群,不是一般的港口,也就是说,是港口不一定就是国际航运中心,但国际航运中心必须包含大型的、现代化的深水港口群以及强大的航运服务体系。

二是指具有广泛的、全球性的国际航线网络,或具有调动全球航线服务的港口,具有全球性的广泛的航线、服务覆盖面。

三是国际航运(物流)中心支撑的不仅是全球性的航运业,更重要的是支撑航运业的强大的现代物流体系,形成集增值服务、加工服务、多式联运集疏运服务、"门到门"服务、信息服务等强大的服务体系,是整个国际航运中心运作的重要支撑。

四是国际航运中心具备产业带动作用。国际航运中心的运作,不仅在于航运业本身的发展,而在于航运(物流)业带动的先进制造业、现代服务业的乘数效应。航运业本身的发展依赖于国际航运中心港口城市、地区的国际贸易、国际金融等现代服务业的发展,反过来,航运(物流)业的发展又进一步推动了国际航运(物流)中心港口城市、地区的国际贸易、国际金融等现代服务业的发展。

（三）世界主要国际航运（物流）中心三大模式

1. 以市场交易和提供航运（物流）服务为主的模式

这一发展模式主要以伦敦为代表。作为老牌航运（物流）中心，伦敦拥有良好的人文历史条件，如悠久的贸易和航海的传统和文化、众多优秀的海事人才等。虽然在今天从港口看，伦敦已无全球级的功能和条件，但仍以其交易市场、保险服务、航运（物流）信息服务、海事服务、海事研究与交流、海事监管等功能，保持着全球级国际航运（物流）中心。世界 20％的船级管理机构常驻伦敦，世界 50％的油轮租船业务、40％的散货船业务、18％的船舶融资规模和 20％的航运（物流）保险总额，都在伦敦进行。全球有 1 750 多家从事航运（物流）事务的公司与机构在伦敦设有办事处。其中，仅航运（物流）服务业每年创造的价值就达 20 亿英镑。

2. 以中转为主的模式

这一模式以中国香港和新加坡为主要代表。中国香港和新加坡由于自身经济腹地较小，直接外贸运输并不太多，而是以海外腹地作为其主要的经济腹地，将其他国家或地区的国际贸易货物作为其服务的主要对象。中国香港和新加坡作为亚洲新兴的国际航运（物流）中心，两港都实施世界上最为开放的自由贸易政策，大型机械设备和先进的电子化、先进的管理技术和人员的高素质是其自由港的特点，加上拥有得天独厚的深水良港，突出转口贸易及其中转运输，使其集装箱吞吐量位居世界三甲。

3. 以为腹地货物集散服务为主的模式

这一模式主要以鹿特丹和纽约为代表。一般来说，这种区域性的国际航运中心所在国家的国土辽阔，资源丰富，市场广大，进出本国的外贸直接运输量很大，并在所在国际区域运输中占有重要地位。荷兰的鹿特丹位于莱茵河和马斯河两大河流入海汇合处所形成的三角洲，背靠莱茵河流域的荷兰、德国、瑞士等发达国家，美国向欧洲出口货物的 43％、日本向西欧出口货物的 34％都经过鹿特丹中转。纽约也属于这种层次的区域性国际航运（物流）中心。纽约位于哈德逊河口，是美国主要海港，一度承担了美国外贸运输量的 40％。

四、国际航运（物流）中心形成的条件

（一）区位条件

区位条件即指核心港口所处的自然地理优势条件，主要表现于：

一是位于国际主航道较近的位置，是国际航海运输的必经之路，具有海上通达四方的便利条件。国际航运（物流）中心的区位条件是决定国际航运（物流）中心的重要的基本条件，其区位条件使该港口具有战略性的重要地位，不仅拥有通航全球的便利条件，而且拥有这些区位条件的独占性。

二是具有便利的陆（公路、铁路）、空、水集疏运的地理位置，具有通达物品所需地的各种短途运输的便利条件。

（二）经济条件

经济条件即指能为该国际航运(物流)中心带来大量的物流货源的条件,主要有:

一是经济腹地的条件。具备建立航运(物流)中心的港口,其临近的腹地经济发达,处于经济长期上升、长期增长的势头中,为港口提供源源不断的货源。

二是经济开放条件。港口所处的地区,应该是经济极其开放、经济交流的国际化程度极高的地区,使该地区与国际的经济交往频繁,国际贸易、国际资本流动的程度非常高,在世界经济一体化的今天,该地区成为世界经济分工体系中重要的一环。由于参与世界经济分工程度高,该地区的国际贸易发展迅速,带动货源流量的增长,带动港口运输的发展。

（三）港口条件

深水港、深水航道是建设国际航运(物流)中心必备的硬条件。由于现代航运(物流)业的发展的基本特点之一是船舶的大型化、集装箱化趋势,这一趋势下,港口航道的水深条件成为其能否成为国际航运(物流)中心的具有决定意义的硬条件。提高集装箱运输和集装箱化水平成为世界主要港口竞争国际航运(物流)中心的主要手段,为此,建设深水港码头、开通深水通道,成为当今世界国际航运(物流)中心建设的重要内容。

（四）技术条件

要建设国际航运(物流)中心,必须运用现代化的技术手段管理港口,以支持港口的运作。具体体现于:一是信息化技术的运用,鉴于现代国际航运(物流)中心的港口运作是远程的物流运作,大范围地调动货物,其涉及的环节、地区极其广泛,信息技术的运用可使物流远程化运作简化为近距离运作,并缩短运作的时间。因此,国际航运(物流)中心建设中,信息中心建设是不可缺少的重要支撑。二是港口现代化的技术支撑,包括港口环境保护、港口货物运输、港口设备、管理设备和手段的先进性,能确保进出的货物以最快的方式完成,运用最先进的手段使货物到达目的地。

（五）管理条件

国际航运(物流)中心建设的基础是港口,港口相关的管理部门涉及几十个管理部门,条线的冲突在所难免,因此,港口管理能否形成"一港一政"的管理体制和"一门式服务"的管理方式,形成统一规划、统一管理、统一协调、统一调度,合理配置资源,是确保港口有效、高效运作的重要前提。

五、国际航运(物流)中心发展阶段

随着"后金融危机时代"世界航运格局的演变与推进,国际航运中心模式创新方兴未艾。国际航运(物流)中心的初级形态在世界现代史上早期已经出现。经过工业化、后工业化及信息化等不同发展阶段,国际航运中心经历了不同的发展阶段,其核心模式和主导功能也由低级向高级不断推进。

（一）"航运中转"发展阶段

第一代的国际航运（物流）中心可称为"航运（物流）中转"发展阶段。这一发展阶段是为适应国际贸易飞速增长的需求，在世界范围内转运、储存、发货是其主要使命。

（二）"加工增值"发展阶段

第二代国际航运（物流）中心的核心模式是"加工增值"。这一阶段是在国家战略的推动下，能动地开发港口产业，努力实现在途与存储货物的加工增值，配之以集装箱化运输程度的提高及自由港税收的优惠等。

（三）"资源配置"发展阶段

第三代国际航运（物流）中心的核心模式是"资源配置"。这一阶段将集约开发"国际航运生产力"放在诸多功能的首位，这也是国际航运中心最本质的标志。

（四）"低碳智网"发展阶段

第四代国际航运（物流）中心的核心模式是"低碳智网"，这一阶段是面向 21 世纪、面向未来的一种崭新模式。

作为迄今为止国际航运（物流）中心发展史上的最高形态，"低碳智网"发展阶段国际航运中心既是对航运中转模式、加工增值模式和资源配置模式的继承与发展，又在其首要功能及相关环节上实现了质的飞跃。低碳智网发展阶段的国际航运（物流）中心具有一系列与以往各代国际航运（物流）中心相比极为鲜明的特征。

1. 低碳

"低碳智网"国际航运（物流）中心不仅意味着要在港区城市节能环保，绿色海空港口、清洁燃料船队等领域站在世界前列，而且要成为所在区域涉航碳排放资源的交易中心。

2. 全球海空港智能网络

当前任何一个海空港，都只不过是全球海港空港及物流资金流网络中的一个节点。"低碳智网"国际航运（物流）中心就是要"立足节点，塑造枢纽"。

3. 第四代港口将成为"低碳智网"国际航运（物流）中心的主力港口

联合国贸易与发展会议在世纪之交提出的以"物理空间上分离但是通过公共经营者或管理部门链接"的"组合港"理念拟可成为第四代国际航运中心的题中之意。"虚拟组合港"和"海江陆多元直运"方兴未艾。

4. 国际航运（物流）中心的"全球资源优化配置能力"将迈上崭新台阶

"洲际供应链"与"物流集成服务"将大宗矿产、石油能源和制成品最优化配置；国际航运生产力达到前所未有的高度。

第二节 世界主要国际航运(物流)中心

一、上海港

上海港位于长江三角洲前缘,居中国 18 000 千米大陆海岸线的中部、扼长江入海口,世界著名港口,地处长江东西运输通道与海上南北运输通道的交汇点,是中国沿海的主要枢纽港,中国对外开放,参与国际经济大循环的重要口岸。上海市外贸物资中 99% 经由上海港进出,每年完成的外贸吞吐量占全国沿海主要港口的 20% 左右。作为世界著名港口,从 2010 年开始至今港口集装箱吞吐量稳居世界第一,货物吞吐量位居世界第二,仅次于宁波—舟山港,如图 4-1 所示。

图 4-1 上海港港区图

港口经营业务主要包括装卸、仓储、物流、船舶拖带、引航、外轮代理、外轮理货、海铁联运、中转服务以及水路客运服务等。

二、新加坡港

新加坡港位于新加坡的南部沿海,西临马六甲海峡的东南侧,南临新加坡海峡的北侧,是亚太地区最大的转口港,也是世界最大的集装箱港口之一,位居世界十大港口之列。该港扼太平洋及印度洋之间的航运要道,战略地位十分重要。它自13世纪开始便是国际贸易港口,目前已发展成为国际著名的转口港。新加坡港也是该国的政治、经济、文化及交通的中心,如图4-2所示。

图4-2 新加坡港港区图

三、深圳港

深圳港位于广东省珠江三角洲南部,珠江入海口伶仃洋东岸,毗邻香港,是世界十大港口之一,如图4-3所示。全市260千米的海岸线被九龙半岛分割为东西两大部分。西部港区位于珠江入海口伶仃洋东岸,水深港阔,天然屏障良好,南距香港20海里,北至广州60海里,经珠江水系可与珠江三角洲水网地区各市、县相连,经香港暗士顿水道可达国内沿海及世界各地港口。东部港区位于大鹏湾内,湾内水深12~14米,海面开阔,风平浪静,是华南地区优良的天然港湾。

图 4-3 深圳港港区图

四、宁波港

宁波港的前身是宁波港务局。宁波港由北仑港区、镇海港区、宁波港区、大榭港区、穿山港区以及梅山港区组成,是一个集内河港、河口港和海港于一体的多功能、综合性的现代化深水大港,如图 4-4 所示。现有生产性泊位 309 座,其中万吨级以上深水泊位 60 座。最大的有 25 万吨级原油码头,20 万吨级(可兼靠 30 万吨船)的卸矿码头,第六代国际集装箱专用泊位以及 5 万吨级液体化工专用泊位;已与世界上 100 多个国家和地区的 600 多个港口通航。从 2013 年开始,宁波—舟山组合港全年货物吞吐量超越上海港,稳居世界第一。

图 4-4 宁波港港区图

五、香港港

香港港是位于中华人民共和国香港特别行政区的香港岛和九龙半岛之间的海港,世界三大天然良港之一,如图4-5所示。由于港阔水深,为天然良港,香港亦因而有"东方之珠""世界三大夜景"之美誉。该港一年四季皆可自由进出。

图4-5 香港港港区图

六、釜山港

釜山港位于韩国东南沿海,东南濒朝鲜海峡,西临洛东江,与日本对马岛相峙,是韩国最大的港口,也是世界第六大集装箱港,如图4-6所示。始建于1876年,在20世纪初由于京釜铁路的通车而迅速发展起来。它是韩国海陆空交通的枢纽,又是金融和商业中心,在韩国的对外贸易中发挥重要作用。工业仅次于首尔,有纺织、汽车轮胎、石油加工、机械、化工、食品、木材加工、水产品加工、造船和汽车等,其中机械工业尤为发达,而造船、轮胎生产居韩国首位,水产品的出口在出口贸易中占有重要位置。港口距机场约28千米。

图4-6　釜山港港区图

七、广州港

广州港是由南沙港、黄埔港、番禺港、花都港、新塘港等港区组成，是华南最大综合性枢纽港，如图4-7所示。2016年，广州港完成货物吞吐量5.44亿吨，同比增长4.5%，居华南第一位，国内沿海港口第四位；完成集装箱吞吐量1 886万标准箱，同比增长7.0%。广州从3世纪30年代起成为"海上丝绸之路"的主港，唐宋时期成为中国第一大港，是世界著名的东方大港。明清两代，广州成为中国唯一的对外贸易大港，是世界海上交通史上唯一2 000多年长盛不衰的大港，可以称为"历久不衰的'海上丝绸之路'东方发祥地"。

图4-7　广州港港区图

八、青岛港

青岛港位于山东半岛南岸的胶州湾内,始建于 1892 年,具有 127 年历史,是我国重点国有企业,中国第二个外贸亿吨吞吐大港,是太平洋西海岸重要的国际贸易口岸和海上运输枢纽,如图 4-8 所示。港内水域宽深,四季通航,港湾口小腹大,是我国著名的优良港口。青岛港由青岛老港区、黄岛油港区、前湾新港区和董家口港区等四大港区组成。各港码头均有铁路相连,环胶州湾高等级公路与济青高速公路相接,腹地除吸引山东外,还承担着华北对外运输任务(青岛港是晋中煤炭和胜利油田原油的主要输出港)。截止到 2017 年,青岛港是我国仅次于上海、深圳、宁波—舟山、广州的第五大集装箱运输港口。

图 4-8 青岛港港区图

九、迪拜港

迪拜港位于阿联酋东北沿海,濒临波斯湾的南侧,又名拉希德港,与 1981 年新建的米纳杰贝勒阿里港同属迪拜港务局管辖,是阿联酋最大的港口,也是集装箱大港之一,如图 4-9 所示。迪拜港口在世界港口行业比较有闻名,该港地处亚欧非三大洲的交汇点,是中东地区最大的自由贸易港,尤以转口贸易发达而著称。它是海湾地区的修船中心,拥有名列前茅的百万吨级的干船坞。主要工业有造船、塑料、炼铝、海水淡化、轧钢及车辆装配等,还有年产 50 万吨的水泥厂。

图 4‑9　迪拜港港区图

十、天津港

　　天津港，也称天津新港，位于中华人民共和国天津市海河入海口，处于京津冀城市群和环渤海经济圈的交汇点上，是中国北方重要的综合性港口和对外贸易口岸，如图 4‑10 所示。天津港是在淤泥质浅滩上挖海建港、吹填造陆建成的世界航道等级最高的人工深水港。目前，天津港主航道水深已达 21 米，可满足 30 万吨级原油船舶和国际上最先进的集装箱船进出港。2013 年天津港货物吞吐量首次突破 5 亿吨，集装箱吞吐量突破 1 300 万标准箱，成为中国北方第一个 5 亿吨港口。

图 4‑10　天津港港区图

十一、鹿特丹港

鹿特丹是荷兰第二大城市,欧洲第一大港口,亚欧大陆桥的西桥头堡(东桥头堡是中国连云港市),位于欧洲莱茵河与马斯河汇合处,如图 4-11 所示。它是欧洲最大的海港,直到近年来甚至曾是世界上最大的海港。整座城市展布在马斯河两岸,距北海约 25 千米,与新水道与北海相连。港区水域深广,内河航船可通行无阻,外港深水码头可停泊巨型货轮和超级油轮。

图 4-11 鹿特丹港港区图

十二、纽约—新泽西港

纽约港是世界上天然深水港之一,有两条主要航道,如图 4-12 所示。一条是哈得孙河口外南面的恩布娄斯航道,长 16 千米,宽 610 米,维护深度 13.72 米,由南方或东方进港的船舶经这条航道进入纽约湾驶往各个港区。另一条是长岛海峡和东河,由北方进港的船舶经过这条航道。哈得孙河入海口的狭水道,水深 30 多米,东河水道大部分河段水深在 18 米以上,最深处近 33 米。港内淤积量小。纽约港腹地广大,公路网、铁路网、内河航道网和航空运输网四通八达。本港包括三部分:纽约、新泽西、纽瓦克,分属纽约和新泽西两个州的辖区,包括纽约市区及河边市属区域。

图 4 - 12 纽约港港区图

十三、汉堡港

汉堡港位于德国北部易北河下游的右岸，濒临黑尔戈兰湾内，是德国最大的港口，也是欧洲第二大集装箱港，如图 4 - 13 所示。该港始建于 1189 年，迄今有 800 多年的历史，已发展成为世界上最大的自由港，在自由港的中心有世界上最大的仓储城，面积达 50 万平方米。由于位于欧盟中心位置，从而使它成为欧洲最重要的中转海港。它是德国重要的铁路和航空枢纽，市区跨越易北河两岸，市内河道纵横，多桥梁，在易北河底有横越隧道相通；工商业发达，是德国的造船工业中心。

图 4 - 13 汉堡港港区图

十四、洛杉矶港

洛杉矶港濒临太平洋的东侧,是美国第一大集装箱港,如图 4-14 所示。同时它也是北美大陆桥的桥头堡之一,是横贯美国东西向的主要干线圣菲铁路的西部桥头堡,东部大西洋岸的桥头堡为费城;另一条铁路干线是南太平洋铁路,从洛杉矶开始经过新奥尔良港向来延伸直至大西洋岸的杰克逊维尔港。洛杉矶是美国西海岸的最大工业城市,著名的工业为飞机制造业和石油工业。美国两大飞机制造公司之一的洛克希德公司是美国飞机和导弹制造业的垄断组织,就位于市区北部。加利福尼亚油田就在洛杉矶附近,此外,还有汽车制造业、电子仪器、化学、钢铁及印刷等都占主要地位。西北部的好莱坞是美国电影业的中心,东部的迪斯尼游乐中心也是举世闻名。

图 4-14 洛杉矶港港区图

十五、巴生港

巴生港为东南亚马来西亚的最大港口,位于马六甲海峡的东北部,是马来西亚的海上门户,也是该国最大港口,如图 4-15 所示。该港位于马来半岛西海岸,约在巴生市西南方约 6 千米,亦即首都吉隆坡西南方约 38 千米处。

图 4-15 巴生港港区图

十六、高雄港

高雄港是一座位于台湾南部的海港,毗邻高雄市市区,也是中国南方最大的港口,属大型综合性港口,有铁路、高速公路作为货物集运与疏运手段,如图 4-16 所示。港口内有 10万吨级矿砂码头、煤码头、石油码头、天然气码头和集装箱码头,共有泊位 80 多个,岸线长 18千米多,另有系船浮筒 25 组。港口年吞吐量约 5 000~6 000 万吨。港口设有百万吨级大型干船坞和两座 25 万吨级单点系泊设施。高雄港是世界集装箱运输的大港之一。

图 4-16 高雄港港区图

十七、安特卫普港

安特卫普港,是比利时最大的海港,腹地广阔,港区拥有铁路网长度 960 千米,公路网长度 276.5 千米,分别连接欧洲的铁路网和高速公路网,如图 4-17 所示。安特卫普港现有港区主要分布在斯凯尔特河右岸,码头泊位多数布置在挖入式港池内。主要进口货物为容物、磷灰石、矿砂、石油、木材、煤;主要出口货物为钢铁、机械、铁路设备、水泥、焦炭、化工制品等。

图 4-17　安特卫普港港区图

十八、林查班港

林查班港位于泰国中部曼谷湾东岸,曼谷市东南方,如图 4-18 所示。港外,海路北距是拉差港约 5 海里,距曼谷港约 60 海里,南距梭桃邑港约 50 海里,至宋卡港 376 海里,至新加坡港 791 海里,东北至香港约 1 450 海里;后方,有曼谷廊曼国际机场。该港原为曼谷港的集装箱中转港区。

图 4-18　林查班港港区图

第三节　中国国际航运中心新发展

一、"一带一路"倡议带来的新发展契机

"一带一路"倡议提出五年来,中国与"一带一路"沿线国家的交通互联互通取得多项成果。海运方面,与3个国家签署了海运协定,双边和区域海运协定总数达38个,覆盖沿线47个国家。目前我国港口已与世界200多个国家、600多个主要港口建立航线联系,海运互联互通指数保持全球第一,海运服务已覆盖"一带一路"所有沿海国家。受惠于"一带一路"发展战略所带来的诸多发展机遇,中国国际航运中心的建设与发展将会迎来更广阔的发展空间。

二、中国能源国际运输通道的发展

（一）中国能源国际运输通道概况

中国能源国际运输通道主要是以石油和天然气的进口为主,这主要是由中国能源供需矛盾所决定的,其突出矛盾在于能源供不应求以及对外依存度较高。

石油国际运输线路主要有两条。一条由波斯湾产油地区或者东非产油地区装运,经阿拉伯海、安达曼海,过马六甲海峡,进入中国南部港口卸油。另一条是从南美洲委内瑞拉过巴拿马运河经过太平洋长途运输到中国。天然气运输线路主要由中国与中亚地区的天然气管道输送为主。但是,这些国际能源运输通道所运输的油气资源数量与国内油气消费量仍有差距。

因此,如何进一步有效解决上述问题,是业内学者和相关政府部门所关注的热点话题。

(二)中国能源运输通道弊端

1. 运输线路过长

以石油运输通道为例,由波斯湾通过海路运输过来的石油产品需要经过约 11 000 千米的运输,而由南美洲运输过来近 20 000 千米。这么长的运输距离会增加运输产品的成本负担。

2. 运输途中受国际政治关系变化影响较大

中国石油运输通道沿线经过的国家或地区有时候会产生政局动荡、局部地区摩擦激烈以及国际政治关系变动的影响,并不能时时保证运输通道的有效畅通,因此对能源供给安全造成极大的隐患。

3. 运输途中产品损耗较多

长途海运中会增加所运输产品货损的风险,一般会通过改变运输方式或者缩短运输线路予以解决。

4. 运输线路受季节性影响较大

现有石油海运线路所经过海域大多会受到季节性变化的影响,而一旦区域海洋气候条件恶化,则对能源运输通道的畅通产生影响。

基于以上原因,现阶段中国能源国际运输通道面临着无法规避的风险,应该想办法予以尽快解决。

(三)中国能源国际运输通道的破局

中国能源国际运输通道的破局之举主要在于将传统的海运为主转为路运输为主。根据国家总体战略安排以及"一带一路"倡议和"中巴经济走廊"战略的布局,现今改善中国能源国际运输通道的措施主要从以下四个方向进行。

1. 西北方向——中俄原油管道建设

中俄原油管道起自俄罗斯远东管道斯科沃罗季诺分输站,经中国黑龙江省和内蒙古自治区 13 个市、县、区,止于大庆末站。管道全长 999.04 千米,俄罗斯境内 72 千米,中国境内 927.04 公里。按照双方协定,俄罗斯将通过中俄原油管道每年向中国供应 1 500 万吨原油,合同期 20 年。中俄原油管道 2010 年 11 月 1 日进入试运行阶段。2012 年 9 月,中俄石油管道谈判历经 15 年,最终签约。

中俄原油管道二线工程(下称"中俄二线工程")起始于黑龙江省漠河县兴安镇附近的漠河首站,途径黑龙江、内蒙古两省、自治区,止于黑龙江省大庆市林源输油站,管道全长 941.80 千米,与漠大线并行 871.6 千米,管径 813 毫米,设计压力 9.5～11.5 MPa。沿线穿越大中型河流 12 处,铁路 14 处,二级及以上等级公路 40 处。2018 年 1 月 1 日,俄罗斯原油进入中俄原油管道二线,开始从漠河向大庆林源输送,标志着我国东北能源运输通道俄油进口的第二通道正式投入商业运营。每年从该通道进口的俄油量将从现在的 1 500 万吨增加到 3 000 万吨,这对进一步保障国家能源供应安全具有十分重大的意义。

2. 西北方向——中国与中亚地区油气管道建设

中国与中亚地区天然气管道于 2008 年 7 月正式开工。管道途经土库曼斯坦、乌兹别克斯坦、哈萨克斯坦、中国四国，其中哈国段管道西起哈萨克斯坦与乌兹别克斯坦边境，东至我国新疆霍尔果斯，与西气东输二线相连，哈国境内单线全长约 1 300 千米。2013 年中哈天然气管道二期已竣工通气，管道设计年输气能力 100 亿立方米，未来根据气源和市场情况可提高到 150 亿立方米。

中哈原油管道总体规划年输油能力为 2 000 万吨，西起里海的阿特劳，途经阿克纠宾，终点为中哈边界阿拉山口，全长 2 798 千米。管道的前期工程阿特劳—肯基亚克输油管线全长 448.8 千米，已于 2003 年年底建成投产，年输油能力为 600 万吨。中哈原油管道一期工程阿塔苏—阿拉山口段，西起哈萨克斯坦阿塔苏，东至中国阿拉山口，全长 962.2 千米，于 2006 年 5 月实现全线通油。中哈原油管道二期一阶段工程肯基亚克—库姆克尔段，长 761 千米，于 2009 年 7 月建成投产，实现由哈萨克斯坦西部到中国新疆全线贯通。

3. 西南方向——中缅油气管道建设

中缅油气管道建设计划早在 2004 年提出。经过 6 年的谈判和磨合，2010 年中缅油气管道合作协定终于敲定，开工建设。中缅油气管道总体上是气、油双线并行，从皎漂起，经缅甸若开邦、马圭省、曼德勒省和掸邦，从缅中边境地区进入中国的瑞丽，再延伸至昆明。管道全长约 1 100 千米。中缅天然气管道缅甸境内段长 793 千米，中缅原油管道缅甸境内段长 771 千米。两条管道均起于缅甸西海岸皎漂市，皎漂正在建设配套原油码头设施。

2013 年 7 月，中缅天然气管道开始向中国输送天然气，2017 年 5 月，中缅原油管道已经疏通，开始向中国输送原油。以上三条运输通道建设如图 4 - 19 所示。

4. 中巴方向——中巴经济走廊建设

中巴经济走廊是中国总理李克强于 2013 年 5 月访问巴基斯坦时提出的。中巴经济走廊作为"一带一路"的有益补充，旨在加强中巴之间交通、能源、海洋等领域的交流与合作，加强两国互联互通，促进两国共同发展。该项目于 2015 年 4 月 20 日启动。

中巴经济走廊项目共分东、中、西三线，经过巴基斯坦国内各派协调确定以西线为优先路线。中巴经济走廊西线起始于瓜达尔，经俾路支省进入开伯尔—普赫图赫瓦省，最后到达伊斯兰堡。东线方案出喀喇昆仑公路的曼瑟拉，经伊斯兰堡进旁遮普省，过拉合尔直至木尔坦，然后沿木尔坦—海德拉巴和海德拉巴—卡拉奇高速公路前进，最后沿信德省卡拉奇至瓜达尔港的沿海高速到达瓜达尔港，如图 4 - 20 所示。

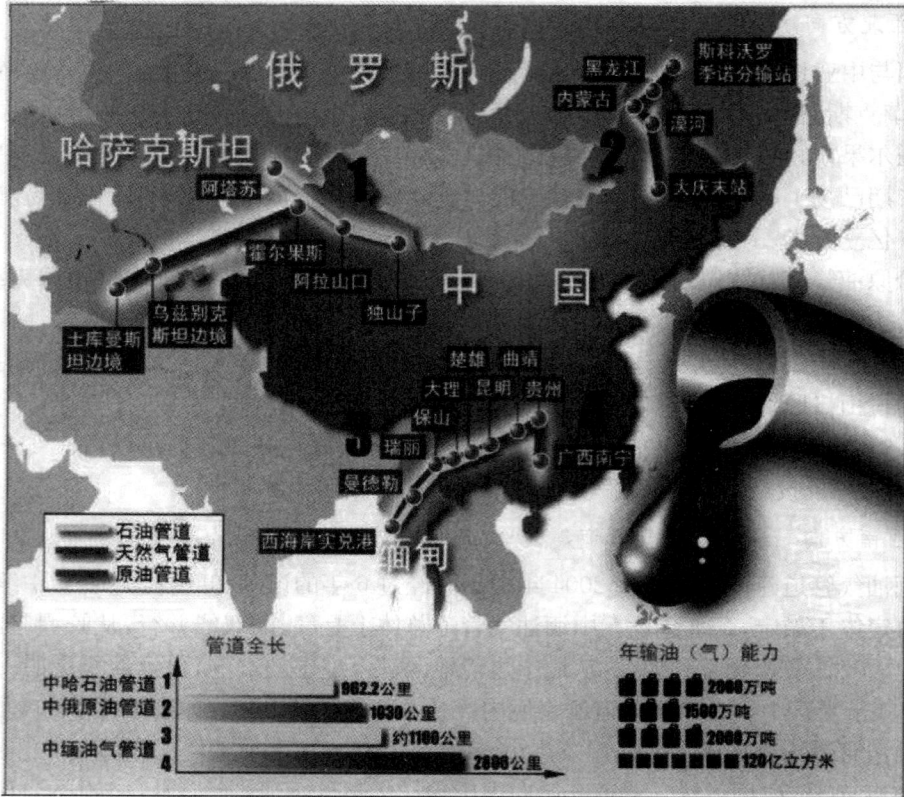

图 4 - 19　中国能源国际运输通道

图 4 - 20　中巴经济走廊

本章小结

　　国际航运(物流)中心是国际物流运作中的重要环节,业已成为国际物流活动的重要集聚地。因此对国际航运(物流)中心的认识与理解时进行国际物流运作的基础之一。本章从介绍国际航运(物流)中心的基本内容入手,逐步揭示国际航运(物流)中心的基本内涵。随后根据国际航运现状,重点介绍世界知名的国际航运(物流)中心。最后重点介绍说明中国国际航运(物流)中心的最新发展内容。

复习与思考

1. 国际航运(物流)中心的内涵是什么?
2. 国际航运(物流)中心有哪些运作模式?
3. 国际航运(物流)中心应具备哪些基本条件?
4. 世界上主要国际航运(物流)中心的基本情况。
5. 中国国际航运(物流)中心的有哪些最新的发展趋势?

第五章　国际物流运输

国际物流运输，又称国际贸易运输，是国际物流系统中非常重要的环节，是国际物流活动的重要组成部分。本章主要介绍国际物流运输的方式，包括海洋运输、航空运输、公路运输、铁路运输以及海、陆、空多式联合运输等。

第一节　国际物流运输概述

国际物流运输，指通过某种运力，在一定时间内，完成货物在不同国家、地区之间空间位置的转移。

按照被运输货品的性质划分，国际物流运输分为国际贸易货物运输和国际非贸易货物运输，后者包括展览品、个人物品、办公用品、援外物资等。其中国际贸易货物运输是国际物流运输中占比最大、最主要的部分，国际非贸易货物运输往往是贸易货物运输部门的附带业务。

按照运输路线和工具的不同，国际物流运输可分为海洋运输、铁路运输、航空运输、公路运输、内河运输、邮政运输、管道运输、集装箱运输、大陆桥运输以及海、陆、空多式联合运输等。通常，海洋运输是最为普遍的国际物流运输方式，航空运输次之。

实际业务中，需要依据不同货物的性质、对运输条件的要求和对运费负担能力等特点选择最匹配需求的运输方式。

一、国际物流运输特点

国际贸易货物运输，又称对外贸易运输或外贸运输，具有以下特点。

（一）线路长，环节多

国际物流运输是在不同国家和地区之间的货物运输。一般来说，国际物流运输的距离远，需要的运输工具多，涉及的装卸、转船、变换运输方式等环节多。国际运输路线往往需要经过不同风俗文化、不同法律法规的国家和地区。整个运输过程需要严密组织运输流程，环环紧扣，否则如果其中一个环节出问题，不仅运输的过程将会受到影响，整个贸易活动也会遭受损失。

（二）涉及面广,情况复杂多变

国际物流运输往往涉及国内外众多组织和部门,需要与不同国家和地区的货主、交通运输、商检、保险、银行或其他金融机构、海关、港口等部门和机构沟通交涉。因此需要了解不同国家和地区之间制度的差异,了解不同的贸易、运输习惯和经营方式,以及各地区政治、经济和自然条件的变化,避免复杂的外界环境的变化给运输业务带来负面影响。

（三）时效性强

按时将货物运达目的地,尤其是鲜活产品、敏感性强的产品和季节性产品,对于履行外贸合同、满足商品市场需求、提高市场竞争力和及时结汇有十分重要的意义,这也对国际贸易运输提出了快速、高效率的运输要求。

（四）运输风险大

国际贸易运输途经众多国家和地区,由于距离远、涉及面广、情况复杂多变,沿途国际形势的变化、社会动乱、战乱、各种自然灾害和意外事故的发生,都会严重影响国际物流运输的进程,甚至会造成贸易活动的重大损失。

（五）涉及国际关系,政策性强

国际物流运输是国际贸易的重要组成部分,国际物流运输不仅仅是一项经济活动,也是一项重要的外事活动。在组织国际贸易运输的过程中,需要具备政策概念和国际关系概念,遵循国家对外政策要求从事经济业务活动。

二、国际物流运输的作用

国际物流运输在一国的经济发展中有着举足轻重的作用,国际物流运输实现了贸易货物在空间上的移动和跨国、跨地区的交付,最终实现了国际贸易活动。

（一）国际物流运输促进国际贸易发展

国际物流运输是国际贸易发展的基础,是交易双方按照约定的时间、地点和条件将买卖的物品从一个国家（地区）的买方交付到另一个国家（地区）的卖方的重要保障。

随着国际物流运输工具的不断改进,国际物流运输的方式和运力都不断增加。运输方式的多样化、智能化和运输管理的现代化,为各国开拓国际市场提供了更加便利的条件。由于国际物流运输的运输规模和质量的不断提高,费用的逐渐降低,使得国际贸易双方可以加强联系,促进了国际贸易发展。

（二）国际物流运输促进交通运输发展

按照运输的对象和运送的范围划分,交通运输分为国内外旅客运输和国内外货物运输,其中国际物流运输是交通运输业的重要分支之一。随着各国家（地区）之间的国际贸易联系越来越紧密,国际贸易竞争越来越激烈,各国的国际贸易运输部门越来越重视提高国际物流运输的组织管理水平,引进和应用新的运输组织技术,开辟新的运输通道,从而加速了先进技术和管理方式在交通领域的应用和发展,促进了交通运输体系的进步。

(三)国际物流运输促进建筑业、能源工业、冶金业等行业发展

国际物流运输业的蓬勃发展,带动了铁路、公路、港口、机场、管道等大规模基础设施的投资和兴建,随着运输工具和运输航次/班次的增多,消耗的能源也增多。运输工具的更新换代和数量上的绝对增加,加大了对金属和矿石的需求量,也促进了机械制造业的繁荣发展。因此,国际物流运输的发展促进了以建筑业、能源工业、冶金业、机械制造业为首的一系列产业的发展。

(四)国际物流运输改善资源分布不均衡

自然资源的分布是不均衡的,每个国家(地区)存在不同内容和程度的资源禀赋。国际物流运输网络能够弱化传统的经济地理概念,弱化自然资源分配的固定模式,通过强大的运力使得资源稀缺的国家通过进出口贸易获取发展所需的资源,实现对全球资源的利用。

(五)国际物流运输平衡外汇收入

国际物流运输是一种无形的国际贸易,提供的服务是运输能力,简称运力。一个国家投入的运力越多,提供的国际货物运输服务越多,能够获得更多的效益和更多的外汇收入。

三、国际物流运输组织的构成

按照国际物流运输组织划分,国际运输的主要当事人可分为三类:承运人、托运人和货运代理。这三者的业务互有区别,又紧密联系,共同组成了国际物流运输工作的主体。

(一)承运人

承运人(Carrier)指承办货物运输的组织和个人,比如船公司、铁路运营公司、航空公司等。承运人一般拥有大量的运输工具,为提供运输服务。承运人有权开具货物提单。

(二)托运人

在国际物流运输中,托运人(Shipper)一般是专门经营进出口商品业务的外贸部门或者进出口商,他们为了履行进出口合同而办理国际物流托运。

(三)货运代理

货运代理(Freight Forwarder)具有中间人的性质,是托运人和承运人之间的桥梁。在国际贸易运输中,货运代理人根据托运人的要求,代办货物运输业务,比如货运订舱、货物保

管、包装、保险、报关、报检等手续,代理支付运费、保险费、包装费、检验检疫费和海关税费等,并收取一定的劳务报酬。

第二节 国际海洋货物运输

海洋运输(Ocean Transport),指使用船舶通过海洋线路在不同国家和地区之间转移传送货物的运输方式。在众多国际物流运输方式中,海洋运输历史最长,是在现代国际贸易中使用最为普遍的国际物流运输方式。

一、海洋运输的特点

(一)运输量大

一般来说,海洋运输船舶的承运能力远远大于火车、汽车、飞机等运输工具的载货能力。随着科学技术的发展,海上运输船舶逐渐专业化、高速化和大型化。2018 年 6 月,中国自主设计并建造了世界上装载能力最强的集装箱货轮"宇宙号",其装载能力高达 19.8 万吨,能够装 2.1 万个集装箱实现从亚洲到欧洲的运输。

(二)通过能力大

不同于轨道和道路运输依赖于轨道及道路建设的限制,海上运输线路天然形成、四通八达,当遇到天气、政治、贸易条件等客观因素改变时,可以随时改变航道。

(三)运费低廉

海洋运输线路通常自然形成,港口设施一般由政府建设,几乎只需要投资船舶即可运营。由于海运船舶载运量大,资源消耗量低,其规模经济特点使运输单位货物的成本相对低廉。

(四)适用多种货物

海运船舶能够装载形态不同、性质不同的固体、液体和气体等货物。由于海上运输船舶空间大、运载量足,海运适合装载超长、超重、超大的货物。随着科技的发展各种适用于特殊货物的专业化船舶为更多货物采用海洋运输方式提供了条件。

(五)运输连续性差,风险较大

海洋运输受季节、气候等自然条件影响大,如遇河流结冰、港口封冻、枯水期水位变低都会影响船舶的航行和靠港,影响将货物及时准确地运达目的地。海洋环境复杂多变,随时会发生风暴、雷雨、海啸、浮冰等自然灾害,相较于其他运输方式,海运遇险的可能性更大,因此安全性较差。

（六）运输速度慢，日期不易准确

海洋运输船舶体积庞大，航行水流阻力大，行驶速度慢、中间环节多，所以运输速度慢。由于海上航行受自然天气条件影响大，如遇灾害天气航程延迟，因此日期不易准确。

二、海洋运输的方式

根据船舶运营方式的不同，海洋运输分为班轮运输和租船运输。

（一）班轮运输

班轮运输（Liner Transport），又称定期船运输，指船舶具有固定航线，沿途停靠若干固定港口，按照事先规定的时间表航行，并按照事先公布的运费率收费的一种船舶运营方式。

1. 班轮运输的特点

（1）"四固定"：固定船期、固定航线、固定挂靠港口、相对固定运输费率。

（2）"一负责"：承运人对货物负责的起讫是"船舷至船舷"或"钩至钩"，班轮运输的承运方负责配载、装卸和理舱等作业，托运方不需额外付费。承托双方不计滞时费和速遣费。

（3）班轮运输适宜杂货、零星货物的运输，货主可以按需订舱。

（4）承托双方的权利、义务、责任和豁免均以船公司签发的提单条款为依据并受统一的国际公约制约。

2. 班轮运费的构成

班轮运费是班轮公司根据运输契约完成货物运输后向托运人收取的报酬，包括基本运费和附加费两个部分。

基本运费指班轮公司收取的，为一般货物从装运港运输到目的港所必须收取的费用，该费用根据航线上各基本港之间的运输的平均费用水平收取，包括港口的装卸费用。对于不同性质、种类的商品，班轮运输的计费标准不同。对于大部分商品按重量或体积计费。对于贵重商品，则按照价格的一定比例计费，即从价计费。对于车辆、牲畜等类商品，通常计件收费。对于大宗货物，比如粮食、矿石，承托双方往往采用临时议价法。

基本运费的计算标准如下：

（1）重量法：按货物的毛重（"重量吨"）计算，运价表中用 W 表示。

（2）体积法：按货物的体积（"体积吨"）计算，运价表中用 M 表示。

（3）从价法：按货物的价格（一般为货物的 FOB 价格）计算，运价表中用 A、V 或 Ad、Val 表示。

（4）选择法：按货物的毛重或体积计算，选取较高的数值，运价表中用 W/M 表示。

（5）综合法：按货物的毛重、体积或价格计算，选取较高的数值，运价表中用 W/M 或 A、V 表示。

（6）从件法：按货物的件数计费，适用于车辆、牲畜等货品。

（7）双方议定：对于运量大、货架低、装卸快速且方便操作的货品，比如粮食、矿石等，承托双方可采取临时议价的方法,在运价表中用"Open"表示。一般情况下,临时议价的运费较低。

附加费在基础运费的基础上收取,根据运输中发生的意外、特殊情况或者特殊运输需求而收取的费用。附加费的收取种类如下:

(1) 超重附加费:当一件商品的毛重超过规定重量时收取的费用,原因在于超重货物给装卸、配载造成了额外的工作量。

(2) 超长附加费:当一件货物的长度超过规定标准时收取的费用,原因在于超长货物给装卸、配载造成了额外的工作量。

(3) 转船附加费:对于运往非基本港的货物,需要中途转船运往目的港的,需要收取额外的转船费和二程运费。

(4) 直航附加费:对于运往非基本港的货物,当货量足够大,承运方安排直航卸货而非转运时收取的额外的费用。直航附加费通常低于转船附加费。

(5) 选卸附加费(选港附加费):托运方在办理托运时尚不能选择具体卸货港口,要求在预先选定的两个或两个以上的卸货港中选择一个,因此增加的费用称作选卸附加费,又称选港附加费。

(6) 变更卸货港附加费:由于收货方、交货地点或者清关问题等需要,经有关当局(海关)同意,托运方要求变更原预定的卸货港,承运方加收的运费。

(7) 港口附加费:由于一些港口设施差、装卸效率低、费用高,增加了船舶运输成本,承运方为了弥补损失而增加的费用。

(8) 港口拥挤附加费:由于港口拥挤,船舶需要较长时间等候泊位,船方为了弥补损失而增加的收费。该费用一般是临时性的,变动性较大。

(9) 绕航增加费:由于原定的航行线路无法通行,必须绕道航行,从而增加了运输成本,船方因而增收的费用。

(10) 燃油附加费:由于燃油价格上涨,船舶的燃油费超过了原本核定的费用,承运人在不调整原运价的前提下,为补偿增加的燃油费用而增收的费用。该费用为临时的,随着燃油费用的回落进行调整或取消。

班轮运费附加费的种类很多,除了上述主要的附加费之外,还有冰冻附加费、货币贬值附加费、熏蒸附加费、洗舱费等。班轮运费附加费计算方法有两种,一种是按每运费吨若干金额计算,另一种是按基本运费的一定百分比计算。

3. 计费公式

根据班轮运费的构成,一般运费计算可以使用以下公式:

(1) 当附加费为绝对值时:

$$班轮运费＝基本运费＋附加运费$$

$$F = F_b + \sum_{i=1}^{n} S_i \quad (i = 1, 2, \cdots, n)$$

式中:F ——班轮运费总额;

　　　F_b ——基本运费;

S_i ——每项附加税费用；

n ——附加运费的项数。

（2）当附加费为百分比时：

班轮运费＝基本运费率×运费吨×（1＋附加费率）

$$F = f \times Q \times (1 + S_1 + S_2 + \cdots + S_n)$$

式中：F ——班轮运费总额；

f ——基本运费率；

S_i ——每项附加税费用；

n ——附加运费的项数。

（3）班轮运费的计算步骤为：

第一步，查明货物所属航线；

第二步，了解货物的性质、特点；

第三步，查找货物分级表，确定计算标准；

第四步，查明所属航线等级费率表；

第五步，查明附加税率；

第六步，计算运费。

（二）租船运输

租船运输（Charter Transport），简称租船，是国际贸易运输中另一种重要的运输方式。承租人租用船东的船舶用于货物运输。在该种交易中，船东出租的是船舶的使用权，而非运输劳务。租船运输适用于大宗货物运输，承租人可对航线、港口及航行时间提出要求，承租人和船东可在租船合同中注明双方的权利和义务。

1. 租船运输特点

（1）适用于大宗货物、整船装运，比如粮食、矿石、木材、石油等；

（2）不定航线、不定船期，船东不规定船舶的航线、停靠港口和航期，而是根据租船人提出的要求进行调度安排；

（3）运价不定，租金率或运费率根据市场行情决定；

（4）船舶营运中的相关费用，比如港口使用费、装卸费及船期延误责任费等，承租方和出租方之间的分担方式取决于不同的租船方式，且均在合同条款中订明。

2. 租船运输的方式

在国际贸易中，租船运输主要有定程租船和定期租船两种方式。

（1）定程租船。

定程租船（Voyage Charter），又称程租船或航次租船，根据船舶完成的航程（航次）进行租赁。承租方租赁船舶全部或者部分舱位，船方负责在指定的港口间进行一个或者多个航次运输指定货物，并负责船舶的运营管理和航行中的各项费用支出。按照租船航次的不同种类，定程租船又可分为：单航次程租船、来回航次租船、连续航次程租船和包运。

① 单航次程租船。

承租方只租一个航次，船方将指定货物运达目的港卸货完毕后，合同终止。

② 来回航次租船。

一艘船在完成一个单航次后，紧接着在上一个航次的卸货港或者卸货港附近的港口装货，行驶回原装货港或者其附近的港口卸货完毕后，合同终止。

③ 连续航次程租船。

同一艘船舶，在同一个航线上，连续完成指定的至少两个以上的单航次航行。

④ 包运合同。

包运合同，别称大合同，承租方和船方只规定运输货物的数量和完成期限，不限定运输的航次和船舶的数量。

（2）定期租船。

定期租船（Time Charter），又称期租船或期租，在一定时间内，船方将特定的船舶承租人使用，承租方可以在约定的期限内无限次利用租赁的船舶安排运输货物。租赁期限由承租方和船方根据实际需要约定，几个月到数十年不等。租期内船舶营运费用，比如燃油费、港口费和拖轮费等，都由租船人承担；船东只支付船舶维修费、保险费、船员给养和其他固定支出。

三、海洋运输业务流程

（一）海运进口货物运输流程

根据国际贸易合同中的相关运输条件，将来自国外的订单货物通过海洋运输的方式运送至国内的业务就是海洋进口货物运输。一般情况下，如果约定的进口贸易价格条件是CIF或CFR，则由国外的卖方即货物出口方办理租船订航的运输安排工作；若进口贸易价格条件是FOB，则由国内的买方即货物进口方办理运输事宜，派船前往国外港口接货。海运进口货物运输业务的办理一般包括以下环节。

1. 租船订舱

在国际贸易中，负责货物运输的一方需要依据货物的性质特点、数量和运输要求安排租船或者订舱手续。一般情况下，进出口双方均会委托货运代理公司代为办理运输事项，委托人需填写"进口租船订舱联系单"，并提出具体要求。

2. 寄送货物装船通知及提单

在接收到国外发货人发出的货物装船通知后，委托人需立即转告代理人。同时，国外发货人向交货地的外资方货运代理人发出货物装船通知和提单。

3. 保险

如果贸易价格条件为FOB、CFR，在收到货物装船通知后，进口方需立即办理投保手续。进口方也可以与中国人民保险公司签订进口货物预约保险，以此简化手续并防止漏保。

4. 掌握船舶动态

国外发货人寄来的装船通知、单证资料、发货电报和相关单位编制的进口船舶动态资料都属于了解掌握船舶动态的方式,国内进口方需密切掌握船舶名称、船籍、装卸港顺序、预抵港日期等信息。

5. 收集并送交单证

进口货物的运输单证一般包括商务单证和船务单证两类。商务单证包括国际贸易合同正本或副本、发票、提单、装箱单、保险单等。船务单证包括租船合同、装船通知、载货清单、货物积载图、提单副本等。

在货物到港前,委托人需将货运代理协议中提到的一切单证材料交到位于目的港的运输公司,委托人凭借正本提单换取提货单。

6. 报关、报检

货物到港后,在运输工具进境申报之日起 14 日内(若最后到期日是节假日在顺延),代办人需携带委托人提交的单证材料,按海关、商检、动植物检疫部门的规定办理进口报关、报检手续,否则,海关将征收滞报金。在海关出具税收缴款书后的 15 天内,代办人需及时缴纳税款,否则海关将征收滞纳金。在办理了海关各项手续并缴纳进口关税后,海关对进口货物予以放行。

7. 发出到货通知

运输进口货物的船舶抵达目的港联检 3 日内,目的港地的代办人需填写"海运进口货物到货通知书"并送至委托人或委托人指定的收货人处。委托人或收货人需逐项核对到货通知书,若发现不符之处需通知代办人更正。若同一份提单上的货物需要分运几个不同地点,需要告知代办人。

8. 监卸和交接

一般情况下,船方负责理货,按照提单和标记清点货物后交付收货人或收货人指定的代理方。收货人或其指定的代理方负责监卸货物。监卸人员和理货人员需密切配合,查验货物数量和质量,要求港口方的卸货人员严格按照操作要求按票卸货,严禁不正常操作和混卸。

9. 接货

代办人接收到委托人或其指定的收货人的到货通知反馈后,根据委托人的授权选择运输方式并办理加保手续。货物由到货港发出后,另将承运公司的运单/提货单/发货通知送交委托人或委托人指定的收货方,用作收货凭据。

(二)海运出口货物运输流程

海运出口货物运输指根据外贸合同中的运输条件,将交易的商品通过海运的方式,从国内运至国外目的港的一种业务。

凡是出口贸易条件为 CIF、CFR 的贸易合同,出口货物的运输均由卖方即出口方安排。若出口贸易条件为 FOB,则由进口方即买方安排货物运输事项。在中国的出口贸易中,一般按照 CIF、CFR、CIP 等价格条件成交,其主要的海运环节和程序如下。

1. 审证

为了保证货物运输工作的顺利进行,出口方必须认真审核其中的装运条款,比如装运期、结汇期、装运港、目的港,是否转运或分批装运,是否制定船公司、船名、船籍和船级,是否需要提供船籍证、航线证明书等。对这些条款,要依据中国的法规政策、国际惯例、设置的合理性,以及是否能办到来修改。

2. 备货报验

出口方需根据成交合同和信用证中有关货物的条款,按时、按质、按量地备货,并做好申请报验和领证的工作。

3. 托运订舱

出口方可以选择填写出口托运单后,直接向船公司或船公司代理订舱,也可以选择向货运代理办理委托订舱手续。船公司或者其代理受理订舱后,会签出装货单,代表着承运人和托运人之间完成了运输合同的缔结。

4. 保险

若贸易条件约定卖方负责保险,在托运订舱后,出口方可以投保货物运输保险。一般情况下,如果贸易合同有规定,按照约定价格投保,若无特殊约定,则按照发票的 CIF 价格加成 10% 投保。

5. 出口货物集中港区

接到港区的进货通知后,托运人需在规定时限内办妥集运手续,将货物批次、件数和标志理清后运至港区集中,等待装船。

6. 报关和交接

出口货物集中港区后,发货人需向海关办理申报出口的手续,又称出口报关。

7. 装船

通关后,发货单位凭加盖海关放行章的装货单联系港务部门和理货人员。理货人员清点货物后,逐票装船。装船后,发货单位凭大副签发的收货单换取装船提单。装船后,发货方应及时向买方发出装船通知,特别是合同约定买方负责货物运输保险的交易。若因发货方发出装船通知不及时导致因买方未及时投保造成相关损失时,卖方需承担相应责任。

8. 支付运费

在出口货物集中港区仓库,船公司和商检机构将对运费进行衡量。若预付运费,船公司或其代理人开具运费预付的提单。若到付运费,提单上注明"运费到付",由收货人在提货前向船公司在卸货港的代理支付。

四、海洋运输主要货运单据

在国际海洋运输中,货运单据是在托运人、承运人、货运代理、港区和收货人之间进行货物流转和交接的证明文件,也反映了货物在不同运输阶段的责任和权益归属。

(一) 托运单

托运人在委托船公司办理货物托运时,需填制托运单,填写内容依照贸易合同和信用证条款。船公司或其代理根据托运单内容,考虑航线、挂靠港、船期、舱位等运输条件,决定是否接受托运委托。

(二) 装货单

装货单是船公司签发给托运人的单据,表示货物运输合同的缔结,是货物装船的依据。装货单又称"关单",是发货人向海关办理出口货物申报手续的单据之一。

(三) 收货单

在货物装船后,船大副签发收货单给托运人,因此收货单又称"大副收据"。托运人可凭收货单向船公司换取装船提单。

(四) 海运提单

1. 海运提单的性质和内容

海运提单(Ocean Bill of Lading,简称 B/L),简称提单,是船公司签发给托运人的收据,提单上注明货物的明细信息,是允诺将货物运至目的地的凭证。海运提单代表了货物的所有权,因此也是收货人提货的凭证。在载货船舶到港前,海运提单可以用于向银行押汇,也可以进行合法转让。

海运提单的正面内容有:托运、收货人、被通知人、装运港、卸货港、船名、国籍、航次、货物名称、货物数量、毛重和体积、运费、提单签发数量和日期、签单人等。提单的背面记录承运人、托运人、收货人、提单持有人之间在货物运输中相关的权利和义务。

2. 海运提单的种类

根据货物是否已经装船,海运提单分为已装船提单(On Board B/L)和备运提单(Received for Shipment B/L)。其中,已装船提单必须注明船名、航次和装船日期。在国际贸易中,通常规定卖方提供已装船提单,而不接受备运提单。

根据海运提单上对是否标注货损或包装不良,提单可分为清洁提单(Clean B/L)和不清洁提单(Unclean B/L,Foul B/L)。清洁提单指货物外表状况良好,无破损。不清洁提单上,承运人会标注"被雨淋湿""铁丝松脱""四箱破损"等字样,表示货物外表存在缺陷。一般情况下,银行不接受不清洁提单。

根据运输方式不同,海运提单可分为直达提单(Direct B/L)、转船提单(Transshipment B/L)和联运提单(Through B/L)。若货物自装运港启程后直接到目的港,则承运人签发直达提单;若货物中途需转船才能到达目的港,承运人签发转船提单,提单上注明"在某港转船"字样;若货物的运输是海运和其他运输方式组合完成,则承运人签发联运提单。

根据收货人的抬头不同,海运提单可分为记名提单(Straight B/L)、不记名提单(Blank

B/L,Open B/L)和指示提单(Order B/L)。记名提单指海运提单的收货人栏内指定具体收货人名称,且记名提单不得背书转让。不记名提单指海运提单的收货人栏内空白,无须背书即可转让,任何人凭单即可从承运方处取货,因此风险较大。指示提单指在海运提单的收货人栏注明"TO THE ORDER OF…BANK""TO THE ORDER""TO THE ORDER OF SHIPPER"等,指示提单可背书转让。在国际贸易中,指示提单的使用频率最多,记名提单次之,不记名提单使用极少。

根据提单内容繁简,海运提单可分为全式提单(Long Term B/L)和简式提单(Short Term B/L)。简式提单中,海运提单的正面注明货物的基本情况,背面无条款。全式提单除正面注明货物基本情况外,背面注明了承运人和托运人的各项权利和义务条款。

若货物装在船舶的甲板上进行运输,船公司则签发舱面提单(On Deck B/L),并注明"装货甲板"的字样,通常交易方需办理保舱面险。

若在信用证规定期限内未将提单及时交到银行,该类海运提单称为过期提单(State B/L)。在国际贸易中,由于信用证规定的交单期长,货物运输路途短,可能发生货物早于提单到达收货人处,此时提单可称为过期提单。

在货物装船后,若船公司应托运人要求,为了满足信用证规定的装运日期要求,将提单上的装运日期提前,则该类提单为倒签提单(Anti-dated B/L)。签发倒签提单是违法行为,银行不接受该类提单。若船公司在货物尚未全部完成装船的情况下签发提单,该类提单称为预借提单(Advanced B/L)。预借提单也是船公司和托运方合谋的违规行为,不受法律支持和保护。

(五)装货清单

装货清单内容包括装货单编号、货物的名称、数量、包装情况、重量、尺码、运输要求、特别注意事项等内容,是承运人对装货单的留底,也是运输船舶大副编制配载计划的主要依据,同时也是理货人员理货、港口方安排装卸和驳运货物的参考单据。

(六)舱单

舱单是指在货物装船完毕后,船公司根据收货单或提单逐票罗列和编制全船载运货物的清单。舱单上会注明船名、提单号、货物基本情况、装卸港、托运人、收货人、货物标记号等。

(七)货物积载图

货物记载图记载了船舶每个舱位的载货情况,是船方对货物进行运输、保管、卸货等工作的参照资料,也是港方进行理货、安排泊港的依据文件。

(八)运费清单

运费清单是由船代公司编制,是根据海运提单副本、收货单编制的。

（九）提货单

提货单是收货人向港口领取货物时的凭据，收货人需要凭借提单正本或副本以及有效的担保向承运人或其代理人换取。

第三节　国际航空运输

航空运输是一种现代化的国际货运方式。相较于海洋运输和铁路运输等方式，航空运输具有交货迅速、安全准时、节省包装、减少保险和储存费用、保证运输质量且不受地面条件限制等优点，尤其适合鲜活易腐物品、季节性商品以及精密仪器、贵重物品的运送。

一、国际航空运输的方式

（一）班机运输

班机指在固定航线上定期航行的航班，有固定始发站、到达站和途经站。通常航空公司都是用客货混合型飞机进行班机运输（Scheduled Transport），一方面搭载旅客，一方面运输少量货物。一些大型航空公司也开辟了全货机航班。

（二）包机运输

包机运输（Chartered Carrier Transport）包括整架包机和部分包机两种形式。

1. 整架包机

整架包机指航空公司按照事先约定的条件和费率，将整架飞机租给包机人，从一个或者几个航空站装运货物运送到指定目的站。包机运输适用于大宗货物运输。

2. 部分包机

部分包机指几家航空货运代理公司或发货人联合包租整架飞机，或者是由包机公司把整架飞机的舱位分租给几家航空货运代理公司。这种方式适合于运输一吨以上不足整机的货物，运费率较班机低，但运送时间更长。

（三）集中托运

航空集中托运（Consolidation Transport）指航空货运代理公司把若干批单独发运的货物组成一批向航空公司办理托运，填写一份总运单将货物发运到同一目的站，由航空货运代理公司在目的站到代理人负责收货、报关，并将货物分别拨交给各收货人。集中托运到运价较低，是航空运输中比较经常使用的方式。

(四) 航空急件传送

航空急件传送(Air Express Service)是指由一个专门经营此项业务的机构与航空公司合作,设专人用最快的速度在货主、机场收件人之间传送急件,特别适用于传送急需的药品、医疗器械、归宗物品、图纸资料、货样及单证,因此该运输方式又称为"桌到桌收递服务"。

货物的航空运费是指承运人将货物从始发机场至运到达机场所收取的费用。影响运费的因素主要为货物的重量(或体积)和运价。

二、国际航空运输运价

航空运价指承运人为货物运输对规定的单位重量(或体积)所收取的费用,不包括报关、提货、仓储等费用。运价包括以下三种形式。

(一) 特种货物运价

特种货物运价(Special Cargo Rate)是指若一些特定航线上经常有某种货物运输,发货人会要求承运人对指定货物制定的特别优惠的运价。特定运价规定有起码重量(100 千克),达不到则不能按此运价计算。

(二) 等级货物运价

等级货物运价(Class Cargo Rate)仅适用于少数货物,通常在一般货物运价基础上增加或减少一定的百分比。

(三) 一般货物运价

如果一种货物的计价既不适用特种货物运价,又不适用于等级货物运价,则必须按一般货物运价(General Cargo Rate)计算。通常,根据货物重量不同,一般货物运价分为若干个重量等级分界点运价。

第四节 国际公路货物运输

国际公路货物运输是指国际物流借助一定的运载工具,沿着公路做跨及两个或两个以上国家或地区的移动过程。公路运输即是一个独立的运输体系,也是车站、港口和机场集散物资的重要手段。随着国际上各地区经济的发展,公路运输将在国际贸易中发挥越来越重要的作用。

一、国际公路运输特点

（一）速度快

公路运输可以实现"门到门"运输，可以减少转换运输工具所需要的等待时间和步行时间，对于限时运送货物，或为适应市场临时急需货物，公路运输服务优于其他运输方式。

（二）运用灵活

公路运输富于灵活性，可以随时调拨汽车，不受时间限制，且停驻方便，适应性强。

（三）受地形气候限制小

汽车的行驶受山路等特殊地形等限制较小，受恶劣气候等影响也较小。

（四）载运量小

无论载客还是载货，一辆汽车的运载能力均小于铁路火车或者轮船。

（五）安全性较差

由于车种和路况复杂，驾驶人员技术良莠不齐，公路运输交通事故较多，因此安全性较差，容易造成货损事故。

二、国际公路运输种类

（一）多班运输

多班运输指一昼夜内车辆工作超过一个工作班以上的货运方式。

（二）定时运输

定时运输指车辆按运行计划中所拟定的行车时刻表进行工作。

（三）定点运输

定点运输指发货点有相对固定的车队，专门完成固定货运任务的运输组织形式。

（四）直达联运

直达联运以车站、港口和物资供需单位为中心，按照运输的全过程，把产供销部门的各种运输工具组成一条运输线，一直把货物从生产地运到消费地。

（五）零担货物集中运输

零担货物运输一般指一次托运量在 3 吨以下或不满一整车的少量货物的运输。而零担货物集中运输是指以定线、定点的城市间货运班车将沿线零担货物集中起来进行运输的一种形式。

（六）拖挂运输

拖挂运输指利用由牵引车和挂车组成的汽车列车进行运营的一种运输形式。

一般情况下，公路运费以"每吨公里"为计算单位，存在两种计费标准：一是按货物等级规定基本运费费率，一种是以路面等级规定基本运价。若一条运输路线包含两种或两种以上的等级公路，则以实际行驶里程分别计算运价。特殊道路，如山岭、河床、原野地段等，则有承运方和托运方双方商议决定。

第五节　国际铁路货物运输

国际铁路运输（Rail Transport）是现代化的主要运输方式之一，对经济发展、文化交流和社会稳定具有重要的推动作用。在中国的进出口贸易中，铁路运输是必不可少的环节，如果仅以进出口货运量来计算，铁路运输承担的货运量仅次于海上运输，位于第二位。

一、国际铁路运输特点

与其他运输方式相比，铁路运输具有运输速度快、载运量大、安全可靠、运输成本低、运输准确性和连续性强等特点。

（1）铁路运输速度快。铁路运输每昼夜速度可达几百公里，远远高于海上运输速度。

（2）运输量大。一列货车一般可运送3 000～5 000吨货物，远远高于航空运输和汽车运输。

（3）铁路运输安全可靠，准确性和连续性强。铁路运输几乎不受气候影响，一年四季可用不分昼夜地进行定期的、有规律的、准确的运转。

（4）铁路运输成本低。在陆路运输方式中，铁路运输费用仅为汽车运输的几分之一至十几分之一，特别适合体积大、批量大、价值低的货物的中长途运输。

二、中国的国际铁路运输

中国的对外贸易铁路运输包括国际铁路联运和港澳地区的国内铁路运输两部分。

（一）国际铁路货物联运

中国是《国际铁路货物联运协定》（简称《国际货协》）和《统一过境运价规程》（简称《统一货价》）的成员国。上述协定和规章是国际铁路货物联运的主要法规，是参加国际铁路货物联运协定的各国铁路和发、收货人中办理货物联运时都必须遵守的文件。

国际铁路货物联运指两个或两个以上国家之间进行铁路货物运输时只使用一份统一的国际联运票据,由一国铁路向另一国移交货物时,无须发货人、收货人参加,铁路当局对全程运输负连带责任。铁路当局的连带责任体现在以下方面:

(1)承运附有运单货物的铁路,应对至交货地的全程运输负责。

(2)每一后续铁路,在接到附有运单正本的货物时,应履行按照该单证条款所签订的运输合同,并承担由此产生的义务。

(3)任何依法可被要求赔偿的铁路,都必须对应负责的运输期间造成的货物的灭失、损坏向收/发货人做出赔偿,被索赔的铁路不能以货损责任属其他铁路为由拒绝货主的索赔。

(4)已做出赔偿的铁路,若货损的过失属于其他铁路,可以向肇事铁路要求返还已赔付的金额。

根据托运货物的重量和体积划分,国际铁路运输可分为整车运输、零担运输、混装运输和集装箱运输。

(5)整车运输指一份运单托运的货物以单独车厢运输的方法。

(6)零担运输,又称小件货物运转,大多是一份运单托运,但因货量、体积较小,不需要单独车厢运送的方式。

(7)混装运输是小件运输的一种特殊情况,指将运送目的地相同的不同物资装在同一个货车或者同一个集装箱中的混装运输方式。

(8)集装箱运输指采用集装箱专用列车运输物资的方式。目前,铁路运输的集装箱规格区别于海运和空运中的集装箱规格,但是考虑到多式联运的方便性,铁路运输的集装箱正朝着统一规格的方向发展。

(二)港澳地区铁路运输

港澳地区是国际物流转运的重要口岸,港澳地区的铁路也承担了中国进出口货物运输的重要任务。中国内地向港澳地区的铁路运输货物,主要通过三种途径:第一,向铁路租车、原车直接过轨,即货物中内地各发车站装车后,经深圳直接过轨进入港澳地区,这是最主要的途径;第二,铁路—公路,即货物从内地发送到深圳后卸车,经由汽车转运至港澳地区;第三,铁路—水运,即货物从内地发出后送至广州,经由水路进入港澳地区。

第六节　集装箱运输、国际多式联运

一、集装箱运输

集装箱运输(Container Transport)是指以集装箱作为运输单位进行货物运输的一种方式,适用于海洋、铁路、公路及国际多式联运等多种运输方式,是成组运输等一种高级运输形式。集装箱运输具有以下特点：

（1）装卸快速、方便。在全程运输中，可以将集装箱从一种运输工具直接换装到另一种运输工具上，无须移动货物本身。特别是在海洋运输中，使用集装箱可以缩短集装箱船停泊码头等时间，且因集装箱能堆垒装船，可以增大货仓容量，从而提高船舶等使用效率。

（2）集装箱坚固，可以减少运输过程中的包装破损率和装卸破损率，从而减少保险费用。

（3）包装简化，节省了包装的费用，减少了货物的重量和体积，因此降低了运输费用，同时也简化了理货手续。

（4）货物从发货人的仓库装箱后，可经不同的运输方式一直运输到收货人的仓库。实现"门到门"运输，中途无须开箱检验。

根据装运的货物、集装箱使用的材料、集装箱结构和装载重量的不同，集装箱可分为：通用干货集装箱、保温集装箱、罐式集装箱、散货集装箱、台架式集装箱、平台集装箱、敞顶集装箱、汽车集装箱、动物集装箱和服装集装箱等。

通常情况下，价值较大、运价较高、货物的属性（指货物的尺寸、体积和质量）可以有效地装箱的货物适合使用集装箱运输，比如针织品、烟酒、医药品、各种小型电器和家用电器、纸浆、电线电缆、面粉、皮革制品和金属制品等。而货价、运价都较低，或技术上装箱有难度的商品不宜使用集装箱运输，比如原油、砂矿、桥梁和大型发电机等。

集装箱的装箱方式有整箱货（Full Container Load，FCL）和拼箱货（Less Container Load，LCL）。集装箱的运输机构包括集装箱堆场（Container Yard，CY）和集装箱货运站（Container Freight Station，CFS）。集装箱堆场指办理集装箱重箱或空箱装卸、转运、保管和交接的场所，一般设在港口装卸区内。堆场签发场站收据（Dock Receipt，D/R），办理集装箱的装卸并编制集装箱的装船配载计划，签发设备交接单和收、发空箱，办理货柜存储、保管、维修、清扫、熏蒸和出租。集装箱货运站，又称中转站或拼装货站，一般设在港口、车站附近，或内陆城市交通方便的场所，是办理拼箱货的地点。拼箱指对于不足一箱的货物，由货主或货代将货物送到货运站，再由货运站根据货物种类和流向合理组合拼装到一个集装箱中。

在集装箱运输中，整箱货和拼箱货在船货双方之间的交接方式有以下几种：

（1）FCL/FCL（整箱交，整箱接），适用于"场到场""门到门""场到门"和"门到场"。

（2）FCL/LCL（整箱交，拆箱接），适用于"场到站"和"门到站"。

（3）LCL/FCL（拼箱交，整箱接），适用于"站到场"和"站到门"。

（4）LCL/LCL（拼箱交，拼箱接），适用于"站到站"。

其中，"场"指位于启运地、装箱港、目的地或卸货港的集装箱卸货区堆场；"站"指位于启运地、装箱港、目的地或卸货港的集装箱货运站；"门"指发货人或收货人的货仓、仓库。

二、国际多式联运

根据《联合国国际物流多式联运公约》，国际多式联运（International Multimodal

Transport)是指按照多式联运合同,以至少两种不同的运输方式,由多式联运经营人将货物从一国境内接管货物的地点运至另一国境内指定交付货物的地点。国际联运一般以集装箱为媒介,把海、陆、空各种传统的单一运输方式有机地结合起来,组成一种国际间的连贯运输。

(一)国际多式联运必须具备的条件

(1)必须要有一个多式联运合同,明确规定多式联运经营人与托运人之间权利、义务、责任和豁免关系。这一特征是区别于一般联运的主要依据。

(2)必须使用全程多式联运单据,可以是多式联运提单或多式联运运单。该单据既是物权凭证,也是有价证券。

(3)必须是跨越国境的国际间的货物运输,这是区别于国内运输和是否适合国际法规的限制条件。

(4)必须是两种或两种以上不同运输方式的连贯运输,这是区别于一般联运的条件。

(5)必须由一个多式联运经营人对全程运输负责。在联运业务中,他既是与托运人签订多式联运合同的当事人,也是签发多式联运单据或多式联运提单者,承担自接收货物起至交付货物止的全程运输责任。

(6)必须全程实行单一运价,一次计收,包括运输成本、经营管理费用和合理利润。

(二)国际多式联运的优点

当前,国际多式联运发展迅速,其与传统运输组织形式相比,有以下优点。

1. 简化托运、结算及理赔等各项手续,明确责任,节省人力、物力资源

在国际多式联运中,多式联运经营人对全程运输负责。不论多远的运程,多复杂的运输环节,货主只需要办理一次托运、签订一次合同、支付一笔运价、办理一次保险。即使多式联运运营人与各区段实际承运人签订了分运合同或者委托合同,一旦货物在运输途中出现了灭失、损坏或延迟交付等事故,货主也只需与多式联运经营人交涉即可解决问题。因此大大简化了运输、结算和理赔的手续。

2. 缩短货物运输时间,减少中间环节,既提高运输质量又降低库存

多式联运一般以集装箱为媒介,可以实现"门到门"运输,即从托运人的仓库将货物装箱后直接运送至收货人的仓库。途中集装箱的装卸使用专用机械设备,无须掏箱、装箱,减少了中间环节,因此货损、货差和被盗的可能性也大大减少。另外,多式联运经营人对全程运输负责和组织,可做到各运输环节和工具之间密切配合、紧密衔接,及时中转货物,缩短停留时间,从而减少运输时间,提高运输速度和质量,相应地也降低了货物的库存量和库存成本。

3. 降低运输成本,节省各项费用

在国际多式联合运输中,多式联运经营人通过与各区段实际承运人订立分运合同和与各代理人订立委托合同来完成各区段的运输和衔接,这些合同通常是长期的协议,运价及佣金均为优惠价格。而且,通过对运输路线的合理选择和运输方式的合理运用,多式联运经营

人可以有效降低全程的运输成本。

4. 提高运输管理水平,实现运输合理化

对于区段运输而言,若各种运输方式的经营人各自为政,自成体系,则经营的业务范围和承运量均受限制。而采用统一的多式联运经营人的方式,可以扩展营业范围,最大限度地发挥现有的运输设备和工具,选择最合理的运输方式组织运输。

5. 其他优点

发展国际多式联运有利于加强政府对整个货物运输链的监督与管理;可以保证本国在整个货物运输过程中获得较大的运费收入比例;有助于引进新的先进运输技术;有助于减少外汇支出;有助于改善本国基础设施的利用状况;通过统一调控运输,有助于保护本国生态环境。

第七节　内河、邮政和管道运输

一、内河运输

内河运输是水上运输的重要组成部分,它连接内陆腹地和沿海地带,为外贸货物通过河流运输和集散提供了有利条件。

二、邮政运输

邮政运输又称邮件运输,包括普通邮包和航空邮包两种,通常手续简单、运价低廉,特别适用于运送量小且轻的货物。

三、管道运输

管道运输(Pipeline Transport)指利用铺设的地面、地下或空中的管道进行运输的方式,一般适用于运送液体、气体及粉粒状货物,比如石油、天然气和化学品等,是统一运输网中干线运输等特殊组成部分。

管道运输的优点在于运输成本低,占用地面空间较小,安全、事故少、无公害,并可实现自动控制。当前管道运输的发展趋势是:管道的口径不断增大,运输能力大幅提高;管道的运距迅速增加;运输物资由石油、天然气、化工产品等流体逐渐扩展到煤炭、矿石等非流体。

本章小结

本章主要介绍国际物流运输活动。作为国际物流活动的重要业务内容之一，国际物流运输成为国际物流活动开展的重点内容。首先简要说明国际物流运输的基本内涵，随后逐一详细介绍说明国际物流运输的主要运输方式及其业务开展。

复习与思考

1. 国际物流运输一般都有哪些方式？
2. 简述国际海洋运输的进/出口运作流程。
3. 国际海洋运输主要有哪些业务单据？

第六章　国际物流仓储

国际物流仓储是指利用特定场所存放、储存未及时使用的进出口货物的行为。与国际物流货物运输一样，国际物流仓储是国际物流流程中必不可少的环节，在国际物流的生产、分配、交换和消费过程中起着重要的作用。

第一节　国际物流仓储概述

一、国际物流仓储的概念

"仓"也称为仓库，是存放物品等场地和建筑物，"储"表示收存以备使用，具有收存、保管、交付使用的意思。在任何的社会形态中，不论什么种类的物资，不论什么原因造成了物资停滞，在没有进入生产加工、消费、运输等活动之前或者在这些活动结束之后，都需要存放和储存。

国际物流仓储，指以改变货物流通的时间状态和调整供需之间的时间差异为目的的一种物流业务活动。国际物流仓储，不仅担负着进出口货物的存储和保管，还担负着出口货物的加工、挑选、整理、包装、刷唛、备货、组装和发运等工作。

二、国际物流仓储的作用

（一）促进国际物流货物流通，调整供需时间差异

国际物流仓储是一种静止的状态，又称为"时速为零的运输"。国际物流仓储可以帮助调整国际物流在供应和需求之间的时间差异，促进国际物流货物的流通，从而产生时间效用的作用。

（二）加强货物检验检查，保障进入国际市场的商品质量

在国际物流仓储环节，可以对即将进入国际市场的商品进行检验，剔除伪劣商品；在商品入库保管期间可以进行质量检查，减少物资发生物理和化学的变化；在商品出库前检验商

品是否符合国家出口标准和签订的国际贸易合同,从而保障进入国际市场的商品质量。

(三) 延伸生产加工业务,发挥节点作用

国际物流仓储环节不仅仅具有储存货物的功能,而且承担着具有生产特性的加工业务,比如分拣、挑选、整理、加工、简单的装配、包装、加标签、备货等。将货物的仓储过程与生产环节有机结合起来,可以增加货物的附加值,也可以缩短货物进入国际市场的后续作业时间。通过拓展和延伸国际物流仓储的服务范围,可以充分发挥国际物流仓储网络的节点作用。

(四) 调节运载能力,减少货损货差

在国际物流货物的进出口过程中,仓储环节能在船舶运输与内陆运输之间扮演缓冲调节的角色,减少压船、压港的状况,弥补内陆运输工具运载能力的不足,从而保证国际物流进出口的顺利通畅。

在国际物流流程中,港口和机场的库场在接收、承运及保管货物时,需要检查货物及其包装,按照货物的性质与包装进行配载装盘,有的货物需要在库场进行灌包或捆绑,在入库后还会对其进行点数和分拨。这些操作均会帮助减少货损货差。

三、国际物流仓储的类型

仓库是组织开展仓储业务必不可少的物质技术基础。按照仓库的不同特征对各种类型的仓库进行分类,有利于合理地组织仓储业务,充分利用仓储这一商品流通环节,合理组织运输,降低国际物流费用。

(一) 按国际物流仓储的使用功能划分

1. 口岸仓库

口岸仓库,又称周转仓库,具有规模大、货物储存期限短、库容周转速度快的特点。口岸仓库一般设在发运进出口货物的沿海港口城市,用于储存口岸和内地外贸企业的进口待分拨货物和出口待运货物。

2. 中转仓库

中转仓库,又称转运仓库,具有规模较大、货物储存期限较短、库容周转速度迅速的特点。中转仓库大多设在货物集散地区的交通枢纽地带和出运港口城市,比如铁路、公路、车站、江河水运港口、码头附近等。中转仓库一般按货物合理流向储存并转运出口的货物。大型的中转仓库一般设有铁路专用线,将货物的储存和转运业务紧密结合起来。

3. 加工仓库

加工仓库的特点是将出口商品的储存和加工结合在一起。加工仓库除了开展货物储存业务,还兼营货物的挑选、整理、分级、包装、改装等加工业务。

4. 储存仓库

储存仓库主要用于储存待销的出口商品、援外的储备物资、进口待分拨的商品和出口业务需要的储备商品等，其特点是仓库规模较大、商品的储存期长、商品来源广、库容周转速度较慢。

（二）按储存商品的性能及设备分类

1. 通用仓库

用于储存一般无特殊要求的工业品或农副产品的仓库称为通用仓库，又称普通仓库。通用仓库属于一般的保管场所，对储存、装搬、堆码和养护设备的要求较低，在各类外贸仓库中占比最大。

2. 专用仓库

对于易受外界环境影响发生变质和失量的商品，或者是由于货物本身的特殊性质不适宜于其他商品混合存放而需要单独存储的商品，都需要储存于专用仓库中。在保养技术和设备的要求上，专用仓库相应地增加了密封、防霉、防火和监测等设施。

3. 特种仓库

特种仓库用于存储具有特殊性质、要求使用特别保管设备进行维护等商品，比如化学危险品、易腐蚀品、石油及部分医药商品等。

（三）按国际物流仓储的管理形式划分

1. 自有仓库

自有仓库指各进出口专业公司自有拥有仓库并自行管理。自有仓库具有以下优势：

（1）由于企业拥有自有仓库等所有权，企业能够最大限度地控制仓储流程，使其与企业整个生产过程相协调。

（2）企业可以按照企业要求和产品特点对自有仓库进行合理的设计和布局，能更灵活地满足企业产品仓储的需求。

（3）通过对自有仓库的有效管理和控制，如果自有仓库可以得到长期的充分利用，从规模经济的角度讲，自有仓库的仓储成本低于租赁公共仓库仓储的成本。

同时，自有仓库也存在以下缺点：

（1）自有仓库的仓储容量具有局限性。当企业对仓储空间有特色需求时，由于自有仓库存在设计和结构上的局限性，自有仓库难以满足特殊的要求。因为企业自有仓库的容量限制，若不能适应市场发展和货物结构的变化，企业将失去很多商业机会。

（2）企业自行管理、修建自有仓库需要大量资金、相应的技术及管理人员，增加了企业的固定成本和机会成本，且自有仓库的投资回报具有一定风险。因此，企业要谨慎决策投资建设自有仓库。

2. 租赁公共仓库

租赁公共仓库指由外运公司管理本企业的仓储业务，只满足一般水平的搬运服务。租赁公共仓库具有以下优点：

（1）企业租赁公共仓库不需要对设施和设备做任何投资，只需要支付相对较少的租金，即可得到仓储服务。因此，租赁公共仓库可以避免资本投资所形成的财务风险。

（2）如果企业的销售具有季节性，自有仓库因容量限制在仓储高峰期无法满足企业的仓储需求，而在淡季时会造成自有仓库的闲置。租赁公共仓库则无容量限制，能够充分满足销售高峰时所需要的仓储空间。租赁公共仓库的成本随着储存货物的数量而变化，便于企业掌握与控制租赁公共仓库的仓储成本。

（3）由于企业租赁公共仓库的合同是短期的，当市场结构、运输方式或产品销售发生变化时，企业能够灵活地改变仓库的位置和容量。企业也不必因仓储量的变化增减员工。

租赁公共仓库也具有以下缺点：

（1）由于租赁的公共仓库中会储存不同性质的货物，为了避免不同货物之间互相影响，企业需要对存储到公共仓库中的货物进行保护性包装，因此增加了包装成本。

（2）若公共仓库中发生盗窃货物的行为，企业得到的赔偿往往少于货物的实际损失。因此，企业使用公共仓库存储货物比使用自有仓库承担了更大的风险，包括有可能因此而泄漏的有关商业机密。

3. 合同制仓储公司仓库

合同制仓储公司仓库，指企业将物流活动转包给企业外部的合同制仓储公司。合同制仓储公司为企业提供综合的物流服务，包括仓储、卸货、拼箱、订货分类、在途混合、存货控制、运输安排、信息传输或其他服务等。

本质上，合同制仓储是生产企业和仓储企业之间建立一种合作伙伴关系。区别于一般的租赁公共仓库，合同制仓储公司能为企业提供特殊要求的空间、人力、设备的服务。通过合同制仓储服务，企业可以将物流活动转包出去，而集中精力专门搞好生产和销售。在物流发达国家，已将降低成本的重点转向具有巨大潜力的物流领域，越来越多的企业转向合同制仓储公司的仓储。

第二节　国际物流仓储管理

国际物流仓储业务管理是国际物流活动中的重要环节，其管理水平的高低与管理流程的环节直接影响到国际物流业务运作的效率。国际物流仓储业务的运作基本流程包括入库、在库管理和出库三个环节。

一、入库

商品的入库验收是仓储管理工作的首要环节，它是划分仓库与货主或其他仓库外来人员和运输部门责任的界线。商品入库要求存货单位凭入库单或入库通知等相关正式凭证入库;要求存货单位提前将凭证送交仓库,做好仓库与存货单位间的沟通工作,以便安排仓位和必要的准备工作。商品入库的交接,按入库凭证中的商品品名、规格、数量、包装、质量等方面的内容予以验收,逐项进行检查与清点并验收无误后予以签收。

(一)入库准备

在接到入库通知后,仓库管理人员要及时地了解入库货物的信息,包括货物的种类、数量、体积、准确到库时间等,同时了解当前仓库的存储状态,以便在货物到达后及时地腾出合适的位置供物资存储。根据实际到达仓库的货物情况,及时制订货物存储计划,将任务下达到各个作业单位和管理部门,合理地组织人力,妥善安排货位。仓库管理员根据货物情况制定验收方案,准备好验收所需的工具。同时准备好货物入库所需的各种表格和单证。根据货物的特点和数量以及人员等情况,合理制定搬运、堆码工艺。

(二)货物接运

货物接运包括四种方式,即专用线接运,车站、码头提货,自提入库与库内提货。

(1)专用线接运,即铁路部门将转运的货物直接转送到仓库内部专用线的接运方式。

(2)车站、码头提货。在车站提货需要向车站出示"领货凭证"。码头提货,提货人要首先在提货单上签名并且加盖公章或附单位提货证明,到港货运处取回货物运单后就可到指定库房提取货物。

(3)自提入库。到货主单位提取货物,这是仓库受托运方的委托,直接到货主单位提货的一种形式。

(4)库内提货。这是直接送达仓库的一种供货方式,当货物到达时,保管员或是验收员直接与送货人办理接收工作,当面验收并且办理交接手续。

(三)货物验收

在进行货物的验收工作之前,需先确定存放地点、垛形与保管方法;准备堆码所需材料和装卸搬运机械、设备及人力;准备相应的检验工具并收集和熟悉验收凭证以及有关资料。在对货物进行验收时,还必须核对相关证件,包括存货单位提供的入库通知单、订货合同;供货方提供的质量证明书或合格证、合同;供货方提供的质量证明书或合格证、装箱单、说明书、磅码单、发货明细表、图纸、化验单等以及货物托运人填写的运单。

货物的验收过程具体包括数量检验、实物核对与品种验收、包装验收、货物的内在质量和包装的数量验收等。在验收过程中,如发现品种、规格不符,件数或重量溢短,包装破损、潮霉、污染以及其他问题时,要在运单上批注。验收完成后需填写"货物验收记录"。由仓库收货人员和承运单位有关人员共同签字,并及时报告主管领导和存货单位,以便研究处理。

(四)货物入库

商品验收无误后,要及时记账、登卡、填写储存凭证,详细记明商品名称、等级、规格、批次、包装、件数、重量、运输工具及号码、单证号码、验收情况、存放地点、入库日期、存货单位等,做到账、卡齐全,账、货、卡相符。随着计算机技术的发展,电子技术已经普遍应用在仓库管理中并发挥积极的作用,这为仓库的现代化管理和提高管理效率提供了不可或缺的条件。

二、在库管理

当货物入库以后,即进入了在库管理阶段,这是国际物流仓储业务的重要环节。商品验收入库以后,仓库就要对库存的商品承担起保管养护的责任。如果短少丢失,或者在合理储存期内由于保管不善,商品霉烂变质等,仓库应负责赔偿。在库管理,要做好货物的存放、检查与盘点工作。

(一)存放

入库商品验收以后,仓库要根据商品的性能、特点和保管要求,安排适宜的储存场所,做到分区、分库、分类存放和管理。对于不同性能的货物,其所要求的储存条件也不相同。例如,对于怕潮湿、易霉变生锈的货物,应该存放在较干燥的库房里;对于怕热易熔化,易发黏、挥发、变质或易发生燃烧、爆炸的货物,应该存放在温度较低的阴凉场所。在同一仓库内存放的商品,必须性能互不抵触,养护措施一致,灭火方法相同。性能相互抵触或串味的货物不能在同一库房混存,以免相互产生不良影响。对化学危险物品来讲,要严格按照有关部门的规定,分区分类安排储存地点。

在储存区内,常用的两种货位分配方法是可变的货位安排系统与固定的货位安排系统。可变的货位安排系统也称动态定位,是指在每次有新货物到达时允许仓库内原有货物改变位置,从而更有效地利用仓库空间。而固定的货位安排系统是指在选择区内为每种产品分配一个永久性的位置,只要产品的移动流量保持相同水平,储存物品就始终保持这种位置。一般来说,固定货位安排优于可变货位安排,前者可以对某种物品提供及时定位。

(二)检查与盘点

在保管期间,仓库保管员要定期进行货物检查和盘点。

1. 检查

(1)数量检查。

货物在存储期间,仓库保管人员需要检查货物的数量是否准确,查账上的记载是否正确,核对账、卡、物是否一致。保持仓库的账账相符、账卡相符、账物相符以及钱物相符。

(2)质量检查。

查明超过保管期限、长期积压货物的实际品种、规格和数量。检查存储货物质量有无变化,主要包括有无受潮、沾污、锈蚀;检查存储货物质量有无变化,主要包括有无受潮、沾污、锈蚀、发霉、干裂、虫蛀、鼠咬甚至货物变质等现象。检查库存货物数量的溢余或者缺少的原因。检查技术证件是否齐全,证物是否相符。必要时,还要对货物进行技术检查。

(3)检查保管条件。

检查各类货物堆码是否合理稳固,货场是否有积水,门窗通风洞是否良好,货垛是否严密,库内温度、湿度是否符合要求,库房是否有漏雨,保管条件是否符合各种货物的保管要求等。

（4）安全检查。

检查仓库各种安全措施以及消防设备、器材是否齐备,是否符合安全要求,检查库房建筑物是否影响货物正常储存等。在检查过程中,当保管人员发现货物有变质、数量出入、出现破损等情况时,应该及时查明原因,通知存货人或仓单持有者采取措施进行处理,并且对检查结果做详细的检查记录。

2. 盘点

一般情况下,对仓储货物的盘点方法有:动态盘点法、循环盘点法和重点盘点法。

（1）动态盘点法。

即当发生出库动态时,就随之清点货物的余额,并且同保管卡片的记录数额相互对照核对。

（2）循环盘点法。

即按照相关货物入库的先后次序,有计划地对库存保管货物循环不断地进行盘点的一种方法。保管员按照计划每天都盘点一定量的在库货物,直至库存货物全部盘点完毕,再继续下一循环。

（3）重点盘点法。

即对进出动态频率高、易损耗的,或者昂贵重要的货物进行盘点的一种方法。货物盘点时如果出现盘盈盘亏,必须及时做出处理。当盘盈盘亏的数额不超出国家主管部门规定或合同约定的保管损耗标准时,可由仓储保管企业核销;如果超出了损耗标准,则必须查明原因,做出分析,写出报告,承担责任;如果同类货物在不同规格上的数量有出入但总量相符,可与存货人根据仓储合同约定直接协商处理。此外,还需要依据处理结果,调整账目、卡上的货物数额,使账、卡、物数额保持一致。

三、出库

商品出库是仓储工作的最后环节。把好商品出库关,可以杜绝差错事故的发生。

（1）商品出库要根据存货单位的出库备货通知,及时认真地做好备货工作,如发现一票入库商品没有全部到齐的、入库商品验收时发现有问题尚未处理的、商品质量有异状的,要立即与存货单位联系,双方取得一致意见后才能出库,如发现包装破损,要及时修补或更换。

（2）认真做好出库凭证和商品复核工作。做到手续完备,交接清楚,不错发、错运。

（3）要分清仓库和承运单位的责任,办清交接手续。仓库要开出本商品清单或出门证,写明承运单位的名称、商品名称、数量、运输工具和编号,并会同承运人或司机签字。商品出库后,保管人员要在当日根据正式出库凭证销卡、销账,清点货垛结余数,与账、卡核对,做到账、货、卡相符,并将有关的凭证、单据交账务人员登账复核。若使用电子化管理的仓库也应及时做好数据的备份。

本章小结

本章主要介绍国际物流仓储业务。作为国际物流活动的重要业务内容之一,国际物流仓储业务也是国际物流活动开展的重点内容之一。首先简要介绍国际物流仓储业务的基本内涵,在此基础上进一步介绍国际物流仓储管理涉及的主要业务流程。

复习与思考

1. 什么是国际物流仓储?
2. 国际物流仓储有什么作用?
3. 按照仓储的使用功能划分,国际物流仓储有几种类型,分别是什么?
4. 简述国际仓储管理流程。

第七章 国际物流包装、流通加工与配送

第一节 国际物流包装

根据中国国家标准《包装流通术语》,包装的定义为:"包装是指为在流通过程中保护产品、方便储运、促进销售,按一定技术方法而采用的容器、材料及辅助物等的总体名称,也指为了达到上述目的而采用容器、材料和辅助物的过程中施加一定技术方法等的操作活动。"

在国际物流当中,货物种类繁多,性质特点以及形状各异,除了少数货物难以包装、不值得包装或者根本没有包装的必要,从而采取裸装或散装的方式外,其他绝大多数的货物都需要根据货物的性质,使用适当的材料或容器将货物加以包封,并且加以适当装潢和标志。

一、国际物流包装的作用

(一) 保护货物

包装是保护货物在流通过程中质量完好以及数量完整的重要措施。由于销往世界各地的出口货物运输环节多、路线长,装卸条件及地区间气候差异较大,容易造成商品破损、污染、渗漏或变质,使商品降低或失去使用价值,因此,国际物流对包装的要求更为严格。

有些货物根本离不开包装,它已经与包装成为不可分割的统一整体。例如,照相胶卷必须有黑纸加以包装,才能够保持其效用;流体货物及油质货物必须放入容器内才能够进入流通领域及消费市场。科学合理的包装,能使商品抵抗各种外界因素的破坏,从而保护商品的性能,保证商品质量和数量的完好。

(二) 保证国际运输的安全

为了保障国际运输安全,根据联合国的有关规定,国际海事组织制定了《国际海运危险货物规则》并且要求从 1991 年 1 月 1 日起在国际上强制执行。危险货物具有易燃、易爆、有毒以及放射性等特性,如果包装的性能不符合要求,或者是使用不当,很容易引发起火、爆炸。良好的、新型的包装,能够增加在运输、储存以及装卸过程中的安全性,也能减少包装的浪费以及对环境的污染。

（三）打破进口国的有关壁垒以及限制，促进产品的出口

不少国家对进口货物的包装有着各自不同的强制性限制，并且，由于各国经济发展的差异，对包装质量的档次也均有不同的要求。不符合要求的均不准进口或者进口货物不准投入市场销售，因此包装质量的好坏会直接影响贸易的得失。

例如，美国、加拿大、新西兰等国家禁止使用稻草等作为包装材料，以防止某些植物病虫害对本国生态环境造成破坏；伊朗、沙特阿拉伯等国规定进口的货物必须使用集合的运输包装，否则不准进口卸货；美国、加拿大、新西兰、澳大利亚、巴西及欧盟 15 国要求来自中国的木质包装在进口时必须带有中国出入境检验检疫机关出具的证书，以证明木质包装已经过熏蒸处理和防腐处理，或出口商出具无木质包装的证明方可入境。如果有违反规定的货物将禁止入境，或者在认可的条件下，拆除木质包装并销毁。

（四）促进货物的销售

在当今国际市场竞争十分激烈的形势下，许多国家都把改进包装作为加强对外竞销的重要手段之一。精美的商品包装，可起到美化商品、宣传商品和促进销售的作用。包装既能提高商品的市场竞争力，又能以其新颖独特的艺术魅力吸引顾客、扩大销路、增加售价，成为促进消费者购买的主导因素，是商品的无声推销员。优质包装在提高出口商品竞销力、扩大出口创汇、促进对外贸易的发展等方面均具有重要意义。

（五）传递信息、方便消费

包装是产品的信息载体之一，一项好的包装设计应使消费者很容易明了其产品性能、使用方法以及从何处开启包装，起着方便与指导消费的作用。此外，在产品包装上还有标签，标签上一般印有包装内容和产品所包含的主要成分、商标、产品质量等级、生产厂家、生产日期和有效期等。一件产品的包装应如实地向顾客传递一切基本的使用信息。

二、国际物流包装分类

包装的门类繁多、品种复杂，对包装的科学分类有利于商品包装的标准化、规格化和系统化。

（一）按是否需要包装分类

按货物是否需要包装进行分类，货物可以分为散装货、裸装货和包装货三类。散装货是指无须包装，可散装于承载的运输工具上的货物，如煤炭、矿砂、食盐和粮食等；裸装货是指没有包装或稍加捆扎即可自然成件的货物，如规格统一、不受外在因素影响的铁管、钢板、铝锭和木材等；包装货是指需要加以包装的货物。

（二）按功能分类

按功能对包装进行分类，可以分为运输包装和商业包装。

1. 运输包装

运输包装又称为大包装或外包装,是指在货物运输时,将一件或数件货物装入容器或者以特定方式加以包扎的二次包装,其主要作用在于保护商品,防止在储运过程中发生货损货差。运输包装的方式主要有两种:单件运输包装和集合运输包装。

(1) 单件运输包装。

单件运输包装是根据货物的形态或特性将一件或者数件货物装入一个较小容器内的包装方式。单件运输包装的材料有纸、塑料、木材、金属及陶瓷等。用的单件运输包装主要有以下几种:

① 箱,如木箱、纸箱、塑料箱等,有些贵重物品还可以使用金属箱。

② 桶,如木桶、铁桶和塑料桶等,用桶装的货物主要有流质、半流质以及粉状的货物。

③ 包,一般有棉布包和麻布包,一些可以经压紧而品质不变的产品,也可以用机压打包。

④ 袋,有棉布袋、麻袋、纸袋、塑料编织袋等,也有的采用纸塑复合、多层塑料复合等方式。农产品及化学原料等货物常使用纸袋。

(2) 集合运输包装。

集合运输包装,又称组成运输包装,是指将若干单件运输包装货物组合成一件大的包装或者装入一个大的包装容器内。集合包装可以提高港口装卸速度,便于货运,减轻装卸搬运的劳动强度,降低运输成本和节省运杂费用,更好地保护商品的质量和数量,并促进包装的标准化。集合运输包装的种类有:

① 集装箱。集装箱一般由钢板、铝板等金属制成,多为长方形,可装 5~40 吨的各种类别的货物。集装箱可以反复周转使用,它既是货物的运输包装,又是运输工具的组成部分。目前在国际上最常用的海运集装箱规格为 8(英尺)×8(英尺)×20(英尺)以及 8(英尺)×8(英尺)×40(英尺)两种。

② 集装袋。集装袋是指用塑料重叠丝编织成的圆形大口袋或者方形大包,其容量为 4~13 吨。集装袋一般用于包装那些小包装的货物,如面粉、大米、食糖及化工原料等颗粒状或者粉状品。

③ 托盘。托盘是按照一定规格制成的单层或双层平板装载工具,有可供铲车插入的插口,便于装卸和搬运。在平板上面先放几吨重的单件包装的货物,再用箱板纸、收缩薄膜、拉薄膜及金属绳索等将货物牢固包扎在托盘上,从而组合成一件"托盘包装",每一托盘的载量一般为 1~1.5 吨。

2. 商业包装

商业包装又称为销售包装、小包装或内包装。它是随着货物进入零售环节和消费者直接见面的包装,实际上是一种零售包装。商业包装以促进商品销售为主要目的,特点是外形美观、有必要的装潢和容易识别的商品标志/形象,包装单位适于顾客的购买量以及商店设施的要求,便于商品在柜台上销售或为了提高作业效率。

在销售包装上,除了附有装潢画面和文字说明外,有的还印有条形码的标志。由于许多国家的超级市场多使用条形码技术进行自动扫描结算,如果货物包装上没有条形码,即使是名优产品也不能进入超级市场。有的国家还规定货物包装上无条形码标志的即不予进口。为了适应国际市场的需要与扩大出口，中国国际物品编码协的国别号为"690""691""692"。

（三）按包装层次分类

按照包装层次对包装进行的分类，可分为逐个包装、内部包装和外部包装三种。

1. 逐个包装

逐个包装是指交到使用者手里的最小包装，是把物品全部或者一部分装进袋子里或其他容器里并予以密封的状态和技术。

2. 内部包装

内部包装是指将逐个包装的物品归并为一个或者两个以上的较大单位并放进中间容器里的状态和技术，其中也包括为保护里面的物品而在容器里放入其他材料的状态及技术。

3. 外部包装

外部包装是指从运输作业的角度考虑，为了对物品加以保护并为方便搬运，将物品放入箱子、袋子等容器里的状态和技术。其中包括缓冲、固定、防湿、防水等措施。

（四）按包装的适用范围分类

1. 专用包装

专用包装根据被包装物特点进行专门设计、专门制造，只适用于某种专门产品的包装。例如，盛装硝酸、硫酸的专用陶瓷包装，盛放鸡蛋用的纸格箱包装都称为专业包装。

2. 通用包装

通用包装是不进行专门设计制造，而根据标准系列尺寸制造的包装，用以包装各种标准尺寸的产品，如集装箱、标准箱等。

（五）按不同包装要求分类

在国际物流活动中，为满足各参与方的要求，包装还可以分为一般包装、中性包装和定牌包装。

1. 一般包装

一般包装就是普通包装，是指货主对包装没有任何特殊的要求。

2. 中性包装

这是指在货物和货物的内外包装上不注明生产国别、地名和生产厂名，也不注明原有商标和牌号，甚至没有任何文字的包装形式。中性包装还包括无牌中性包装和定牌中性包装。使用此包装的目的主要是为了打破某些进口国家和地区实行的关税壁垒、配额限制以及其他一些限制进口的歧视性措施。

3. 定牌包装

这是指卖方在货物和其包装上采用买方指定的商标或者牌号，但是均注明生产国别。

一般对于国外大量的长期的稳定的订货,可以接受买方指定的商标。有的时候为了利用买方的销售渠道和名牌的声誉,也可以采用这种做法。此外,按包装技术的不同,包装还可分为充气包装、真空包装、防潮包装、防锈包装、防虫包装、脱氧包装、防震包装、防腐包装、危险品包装等。

(六) 按包装容器分类

按包装容器的抗变形能力分为硬包装和软包装两类。硬包装又称刚性包装,包装体有固定形状和一定强度;软包装又称柔性包装,包装体可有一定程度的变形,且有弹性,可以对外力起到缓冲作用,从而使被包装物得到保护。按包装容器形状分为包装袋、包装箱、包装盒、包装瓶、包装罐等。

按包装容器结构形式分固定式包装和可拆卸折叠式包装两类。固定式包装的尺寸、外形固定不变,这类包装的最大问题是,空包装回收返运时空箱占很大的体积,会严重降低运输效率;可拆卸折叠式包装可通过折叠拆卸,在不需包装时缩减体积以利于管理及返运。

按包装容器使用次数分为一次性包装和多次周转包装两类。一次性包装在拆装后,包装容器受到破坏不能再次使用,只能回收处理或另作他用;多次周转包装可反复使用,此类包装在建立一定逆向物流的回送渠道后,可周转使用。

(七) 按包装技术分类

按包装的保护技术分为防水包装、防潮包装、防锈包装、防虫蚀包装、防腐包装、防震包装、防霉包装、灭菌包装、真空包装、充气包装、保鲜包装、防尘包装、防爆包装、防燃包装、防冻包装、防热包装、危险品包装等。

第二节　国际物流包装标志

在物流系统中,识别系统是必要的组成部分之一,在实际工作中起着简明扼要的提示作用。在国际物流领域,可将包装标志分为运输包装标志和商品销售标志两大类。采用标志的识别方法,最重要的是引起人们的注意,因此标记必须牢固、明显、醒目、简要、方便阅视和正确,以便于一阅即掌握要领或易于发现错误而及时纠正。

一、运输包装标志

运输包装标志是用来指明被包装物资的性质和物流活动安全以及理货分运的需要进行的文字和图像的说明。在国际物流各个环节中都要求在包装上正确绘制货物的运输包装标志,包括海关商检、保险、港务、承运单位、收发货人,凭以核对货运单据、交接、放行的主要依据。运输包装标志包括以下几个方面。

（一）运输标志

运输标志又称唛头（Shipping Mark），它通常由一个简单的几何图形和字母、数字及简单的文字组成。联合国推荐的标准化运输标志有以下四项。

1. 收货人或买方名称的英文缩写字母或简称

除铁路、公路运输外，其他各种运输方式均不应使用全称。出口商和进口商可以商定一套首字母缩略名或简称，用于他们之间的货物运输。

2. 参考号

如运单号、订单号或发票号，并应避免在编号后跟随日期信息。

3. 目的地名称

即货物最终抵达的港口或地点（卸货港、交货地点、续运承运人交货地点）的名称。在转运的情况下，可在"VIA"（"经由"）之后指明货物转运的港口或地点的名称。例如，"NEW DELHI VIA BOMBY"，表示货物经由孟买到达新德里。在多式联运情况下，只需标明货物的最终抵达地点，允许运输经营人选择最理想的运输路线，并避免在转运地中断运输。

4. 货物件数

这是指出件数的连续编号和已知的总件数。例如，"1/25、2/25、…、25/25"表示包装物的总件数为 25 件，每件包装物的编号从 1 到 25。

此外，有的运输标志还包括原产地、合同号、许可证号和体积与重量等内容，不作为运输标志必要的组成部分。标准运输标志的应用示例如下：

（1）标准运输标志在单证上的填写示例如图 7-1 所示。

Transport details 运输事项	Terms of delivery 交付条款
Shipping Marks: Container NO. 运输标志：集装箱号 ABC　××××××× 1234　××××××× BOMBAY ××××××× 1/25　×××××××	Number & Kind of packages: Goods description 件数、包装类型、货物名称

图 7-1　单证上标准运输标志的填写示例

（2）海运时标准运输标志如图 7-2 所示。

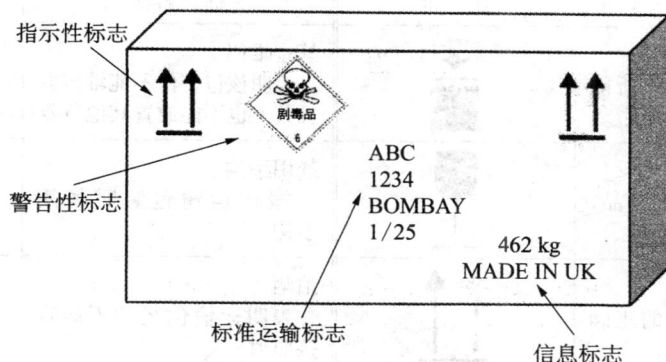

图 7-2 海运时标准运输标志

（3）空运时标准运输标志如图 7-3 所示。

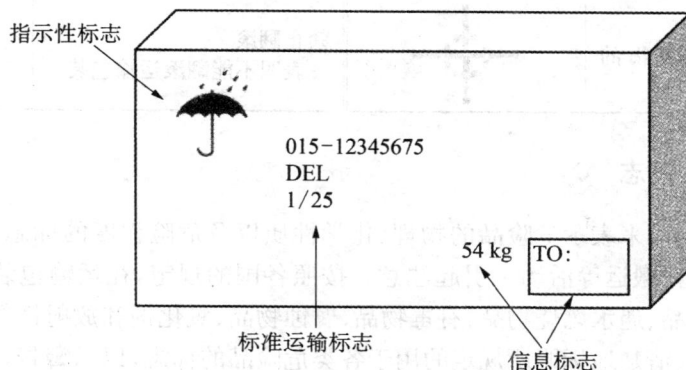

图 7-3 空运时标准运输标志

（二）指示性标志

指示性标志(Indicative Mark)，又称安全标志、保护性标志或注间标志。它是用来指示运输、装卸、保管人员在作业时需注意的事项，以保证物资的安全。这种标志主要表示物资的性质，物资堆放、开启、吊运等的方法，一般都是以简单、醒目的图形或文字在包装上面标岀。常见的指示性标志如表 7-1 所示。

表 7-1 常见的指示性标志

标志名称	图 示	标志名称	图 示
此面禁用手推车 　表明搬运货物时此面禁放手推车		堆码层数极限 　相同包装的最大堆码层数，n 表示层数极限	

标志名称	图　示	标志名称	图　示
堆码重量极限 　表明该运输包装件所能承受的最大重量极限		禁止堆码 　表明该包装件不能堆码并且其上也不能放置其他负载	
易碎物品 　运输包装件内装易碎品，因此搬运时应小心轻放		禁用手钩 　搬运运输包装时禁用手钩	
向上 　表明运输包装件的正确位置是竖直向上		怕晒 　表明运输包装件不能直接照射	
怕辐射 　表明包装物品一旦受辐射便会完全变质或损坏		怕雨 　表明包装件怕被雨淋	
重心 　表明一个单元货物的重心		禁止翻滚 　表明不能翻滚运输包装	

（三）危险品标志

危险品标志是用来表示危险品的物理、化学性质以及危险程度的标志。它可提醒人们在运输、储存、保管、搬运等活动中引起注意。按照各国的规定，在运输包装内装有爆炸品、易燃物品、自燃物品、遇水燃烧物品、有毒物品、腐蚀物品、氧化剂和放射性等危险货物时，都必须在运输包装上清楚地标明所规定的用于各类危险品的标志，以示警告，使有关人员在货物的运输、保管和装卸过程中，根据货物的性质，采取相应的防护措施，以保护物资和人身的安全。常见的危险品标志如表7-2所示。

表7-2　常见的危险品标志

爆炸品 （符号：黑色；底色：橙红色）	爆炸品 （符号：黑色；底色：橙红色）	爆炸品 （符号：黑色；底色：橙红色）
爆炸品 （符号：黑色或白色；底色：正红色）	不燃气体 （符号：黑色或白色；底色：绿色）	有毒气体 （符号：黑色；底色：白色）

易燃液体 (符号:黑色或白色;底色:正红色)	易燃固体 (符号:黑色;底色:白色红条)	自燃物品 (符号:黑色;底色:上白下红)
遇湿易燃物品 (符号:黑色或白色;底色:蓝色)	氧化剂 (符号:黑色;底色:柠檬黄色)	有机过氧化物 (符号:黑色;底色:柠檬色)
剧毒品 (符号:黑色;底色:白色)	有毒品 (符号:黑色;底色:白色)	有害品 (符号:黑色;底色:白色)
感染性物品 (符号:黑色;底色:白色)	一级放射性物品 (符号:黑色;底色:白色, 附一条红竖线)	二级放射性物品 (符号:黑色;底色:上黄 下白,附两条红竖线)
三级放射性物品 (符号:黑色;底色:上黄 下白,附三条红竖线)	腐蚀品 (符号:上黑下白; 底色:上白下黑)	杂类 (符号:黑色;底色:白色)

（四）重量体积标志

重量体积标志是指在运输包装上标明包装的体积和毛重,以方便储运过程中安排装卸作业和舱位。例如,GROSSWEIGHT - 881kgs;NETWEIGHT - 85kgs;MEASUREMENT - 45 cm×35 cm×25 cm。

（五）产地标志

商品产地是海关统计和征税的重要依据,是产地证说明。一般在商品的内外包装上均注明产地,作为商品说明的一个重要内容。例如,中国出口商品包装上均注明"MADE IN CHINA"。

在运输包装物上,除标准运输标志以外的不是货物运输所需要的其他信息标志,一般不应在包装物上标示。如有特殊要求,则应将其他必要的附加信息用较小字符或不同颜色使其与标准运输标志明显区分,而且这些信息不能复制在单证上运输标志的部位。

二、销售包装标志

销售包装标志是指赋予商品销售包装容器的一切标签、吊牌、文字、符号、图形及其他说明物,它是生产者、销售者传达商品信息、表现商品特色、推销商品的主要手段,是消费者选购商品、正确保存养护商品及科学消费的指南。

销售包装标志的基本内容有商品名称、商标、规格、数量、成分、产地、用途、功效、使用方法、保养方法、批号、品级、商品标准代号、条码、质量标志等。销售包装标志分为以下三个方面。

(一) 装潢画面

销售包装的画面要美观大方,富有艺术吸引力,并突出商品特点,其图案与色彩应适应有关国家的民族习惯和爱好。

1. 数字上的禁忌

比如日本忌讳"4"和"9"这两个数字,欧美人忌讳"13"。因此,出口日本的产品,就不能以"4"为包装单位,像4个杯子一套,4瓶酒一箱这类包装,在日本都将不受欢迎。

2. 图案上的禁忌

比如阿拉伯国家禁用六角星图案(与以色列国旗的图案相似);沙特阿拉伯严禁在文具上印绘酒瓶、教堂、十字架图案;信奉伊斯兰教的国家禁用猪或类似猪的图案;法国忌核桃、黑桃图案,视孔雀为恶鸟,视马为勇敢的象征;英国商标上忌用人像作商品包装图案,忌用大象、山羊图案,喜好白猫。

3. 颜色上的禁忌

比如日本忌绿色,喜红色;伊斯兰教徒忌黄色(象征死亡),喜好绿色(驱病除邪);美国人、巴西人和意大利人以紫色为消极、悲伤之色;印度人喜欢红色;蒙古人厌恶黑色;瑞士以黑色为丧服色,而喜欢红、灰、蓝和绿色;橙色和蓝色代表荷兰的色彩;丹麦人视红、白、蓝色为吉祥色;埃及人视蓝色为恶魔,喜欢绿色;奥地利、土耳其人喜欢绿色,而法国、比利时、保加利亚人讨厌绿色。中国出口德国的红色鞭炮曾在相当长的一段时期内打不开销售局面,产品滞销。中国出口企业在进行市场调研后将鞭炮表面的包装用纸和包装物改成灰色,结果鞭炮销售量直线上升。

(二) 文字说明

文字说明通常包括商品名称、商标品牌、数量规格、成分构成与使用说明等内容。这些文字说明应与销售包装的装潢画面紧密结合、和谐统一,以达到树立产品品牌及企业的形象、提高宣传和促销的目的。使用文字说明或粘贴、悬挂的商品标签、吊牌等,还应注意不违反有关国家的标签管理条例的规定。例如,有的国家明文规定所有进口商品文字说明必须使用本国文字；加拿大政府规定销往该国的商品必须用英、法两种文字加以说明。

（三）条形码标志

条形码又称条码，是由一组粗细间隔不等的平行条纹及其相应的数字所组成、利用光电扫描阅读设备为计算机输入数据的一种特殊的代码语言，如图 7－4 所示。

ISBN 978-7-8849-7523-5

9 787884 975235 >

图 7－4　条形码标志

条码标志主要用于商品的销售包装上。条形码上的线条和空间表示一定的信息，通过光电扫描阅读装置输入相应的计算机网络系统，即可判断出该商品的生产国别或地区、生产厂家、品种规格和售价等一系列有关该产品的信息。

目前在世界上应用的码制已达 100 多种，较为常见的有 EAN 码、UPC 码、三九码、库德巴码、二五码和交叉二五码等。其中 EAN 物品标志系统在国际上使用范围最为广泛，EAN 码由 12 位数字的产品代码和 1 位核校验码组成。前 3 位为国别码，中间 4 位数字为厂商号，后 5 位数字为产品代码。国际物品编码协会分配给中国的国别号为"690""691""692"，凡有"690""691""692""693"和"694"条码的商品，即表示是中国的商品。

条码是商品能够流通于国际市场的一种通用的国际语言和统一编号，条形码标志能够有效提高结算效率和准确性、方便顾客、使贸易中的双方及时了解产品有关资料、提高国际市场的物流配送效率。其次，条码使得货物的分类和输送更为迅速、准确，极大地方便了货物的储存和运输，为发展立体化仓库、实现仓储自动化管理创造了条件。第三，条码是商品进入超市和大型百货商店的先决条件，商品包装上没有条形码，即使是名优产品，也不能进入超市，只能作为低档商品进入廉价商店销售；有些国家对包装上没有条形码的商品，则不予进口。

第三节　国际物流流通加工

一、流通加工的含义

（一）流通加工的概念

流通与加工原本是两个相互独立的概念，如果把两个概念结合起来，流通加工则是流通过程中的加工活动,是为了方便流通、运输、储存、销售和用户使用以及物资充分、综合利用而进行的加工活动。中国国家标准《物流术语》中对流通加工下的定义是:"物品从生产领域到消费领域的流动过程中,根据需要施加包装、分割、计量、分拣、刷标志、栓标签、组装等简单作业的总称。"

(二)流通加工与生产加工的区别

流通加工和一般的生产加工在加工方法、加工组织,生产管理方面无显著区别,但在加工对象、加工程度等方面差别较大。

1. 加工对象的区别

流通加工的对象是进入流通过程的商品,具有商品的属性;生产加工的对象不是最终产品,而是原材料、零配件、半成品。

2. 加工程度的区别

流通加工程度大多是简单加工,而不是复杂加工,流通加工是对生产加工一种辅助及补充。特别需要指出的是,流通加工绝不是对生产加工的取消或代替。

3. 附加价值的区别

从价值观点看,生产加工的目的是创造价值及使用价值;而流通加工则在于完善其使用价值,并在不做大改变的情况下提高价值。

4. 加工单位的区别

流通加工的组织者是从事流通工作的人,而生产加工则由生产企业完成。

5. 加工目的的区别

商品生产是为交换和消费而生产的,流通加工的一个重要目的是为了消费(或再生产)所进行的加工,这一点与商品生产有共同之处。但是流通加工也有时候是以自身流通为目的,纯粹是为流通创造条件,这种为流通所进行的加工与直接为消费进行的加工从目的来讲是有区别的,这也是流通加工不同于一般生产的特殊之处。

二、流通加工的作用

(一)提高物流效率,降低物流成本

流通加工不是物流的主要功能要素,但是具有补充、完善、提高增强作用的功能,它能起到运输、储存等其他功能要素无法起到的作用。

1. 方便运输

例如,铝制门窗、自行车等,若在制造厂装配成完整的产品,在运输过程中,将耗费大量的运费。如果把它们的零部件分别捆扎或装箱,到达销售地点以后,再分别装成成品,这样能使运输方便而且经济,有效降低了运输成本。

2. 减少附加重量

如果在运输前先通过流通加工完成必要的切割,去除本来就应该废弃的部分,就可以减少附加重量,提高运输与装卸搬运的效率,有效降低物流成本。

3. 协调运输(外)包装与商业(内)包装

运输包装与商业包装有时存在一定的冲突。例如,运输包装要求轻薄,商业包装需要美观,所以,商品可以先以运输包装的形式进入物流过程,在运达目的地后,再通过流通加工,形成商业包装,进入商店的货架。这样,就可以有效降低物流成本。

因此流通加工是提高物流水平、促进流通向现代化发展的不可少的形态。

(二)促进销售、提高收益

生产商品的目的是创造价值,流通加工是在此基础上完善、增加商品的价值。在生产和消费之间,由于存在着集中大批量的生产与分散小批量的消费者之间的矛盾,从而形成规模化大生产与众多消费者之间的场所价值和时间价值的空白,使商品的存在价值和使用价值需要通过流通加工来实现。流通加工在生产者和消费者之间起着承上启下的作用,它把分散的用户需求集中起来,使零星的作业集约化,作为广大终端用户的汇集点而发挥作用。生产者无法直接满足的用户要求,也达不到服务标准,只有通过流通加工的形式来弥补。

流通加工是一种低投入、高产出的加工方式,有的流通加工通过改变装潢使商品档次跃升而充分实现其价值,有的流通加工有效提高产品利用率20%～50%,这是采取一般方法提高生产率所难以实现的。实践经验表明,流通加工在利润增长上的成效并不亚于从运输和储存中挖掘的利润,是物流中的重要利润源。

(三)节约材料,降低物流成本

节约材料是流通加工十分重要的特点之一。流通加工具有一定的深加工性质,它直接面对终端用户,综合多方需求,集中下料,合理套裁,充分利用边角材料,减少浪费,做到最大限度的"物尽其用",节约了大量的原材料;另外,流通加工一般都在干线运输和支线运输的节点进行,这样就能使大量运输合理分散,有效地缓解长距离、大批量、少品种的物流与短距离、少批量、多品种物流的矛盾,实现物流的合理流向和物流网络的最佳配置,从而避免了不合理的重复、交叉及迂回运输,大幅度节约运输、装卸搬运和保管等费用,降低了物流总成本。

(四)提高加工效率及设备利用率

加工设备在分散加工的情况下,由于受生产周期和节奏的限制,设备利用时紧时松,甚至会长时间停滞,这种加工过程的不均衡将导致加工设备的加工能力不能得以充分发挥,设备利用率低。而在流通领域里,流通加工面向全社会,加工的数量和加工对象的范围都得到了大幅度的增加,如按使用部门的要求,采用效率高、技术先进、加工量大的专门设备,将钢板进行剪板、切裁,将木材剖成板材与方木等,可以大大减少原材料的消耗,提高原材料和加工设备的利用率,提高加工质量和加工效率。

（五）促进物流合理化

物流企业自行安排流通加工与配送。流通加工是配送的前提，根据流通加工形成的特点布置配送，使必要的辅助加工与配送很好地衔接，能使物流全过程顺利完成。

三、流通加工的类型和方式

（一）流通加工的类型

1. 为弥补生产领域加工不足的深加工

由于受到各种因素的限制，许多产品在生产领域的加工只能做到一定程度，而不能完全实现终极的加工。例如，木材如果在产地完成成材加工或制成木制品的话，就会给运输带来极大的困难，所以，在生产领域只能加工到圆木、板材、方材这个程度，进一步的下料、切裁、处理等加工则由流通加工完成；钢铁厂大规模的生产只能按标准规的规格生产，以使产品有较强的通用性，从而使生产能有较高的效率，取得较好的效益。

2. 为适应需求多样化进行的服务性加工

生产部门为了实现高效率、大批量的生产，其产品往往不能完全满足用户的要求。这样，为了满足用户对产品多样化的需要，同时又要保证高效率的大生产，可将生产出来的单一化、标准化的产品进行多样化的改制加工。例如，对钢材卷板的舒展、剪切加工；平板玻璃按需要规格的开片加工；木材改制成枕木、板材、方材等改制加工。

3. 为保护产品所进行的加工

在物流过程中，为了保护商品的使用价值，延长商品在生产和使用期间的寿命，防止商品在运输、储存、装卸搬运、包装等过程中遭受损失，可以采取稳固、改装、保鲜、冷冻、涂油等方式。例如，水产品、肉类、蛋类的保鲜、保质的冷冻加工、防腐加工；丝、麻、棉织品的防虫、防霉加工等。还有，如为防止金属材料的锈蚀而进行的喷漆、涂防锈油等措施，运用手工、机械或化学方法除锈；木材的防腐朽、防干裂加工；煤炭的防高温自燃加工；水泥的防潮、防湿加工等。

4. 为提高物流效率，降低物流损失的加工

有些商品本身的形态使之难以进行物流操作，而且商品在运输、装卸搬运过程中极易受损，因此需要进行适当的流通加工加以弥补，从而使物流各环节易于操作，提高物流效率，降低物流损失。例如，造纸用的木材磨成木屑的流通加工，可以极大地提高运输工具的装载效率；自行车在消费地区的装配加工可以提高运输效率，降低损失；石油气的液化加工，使很难输送的气态物转变为容易输送的液态物，也可以提高物流效率。

5. 为促进销售的流通加工

流通加工也可以起到促进销售的作用。比如，将过大包装或散装物分装成适合依次销售的小包装的分装加工；将以保护商品为主的运输包装改换成以促进销售为主的销售包装，

以起到吸引消费者、促进销售的作用;将蔬菜、肉类洗净切块以满足消费者要求等。

6. 为提高加工效率的流通加工

许多生产企业的初级加工由于数量有限,加工效率不高。而流通加工以集中加工的形式,解决了单个企业加工效率不高的弊病。它以一家流通加工企业的集中加工代替了若干家生产企业的初级加工,促使生产水平一定程度地提高。

7. 为衔接不同运输方式,使物流合理化的流通加工

在干线运输和支线运输的节点设置流通加工环节,可以有效解决大批量、低成本、长距离的干线运输与多品种、少批量、多批次的末端运输和集货运输之间的衔接问题。比如,散装水泥中转仓库把散装水泥装袋、将大规模散装水泥转化为小规模散装水泥的流通加工,就衔接了水泥厂大批量运输和工地小批量装运的需要。

8. 生产—流通一体化的流通加工

依靠生产企业和流通企业的联合,或者生产企业涉足流通,或者流通企业涉足生产,形成的对生产与流通加工进行合理分工、合理规划、合理组织,统筹进行生产与流通加工的安排,这就是生产—流通一体化的流通加工形式。这种形式可以促成产品结构及产业结构的调整,充分发挥企业集团的经济技术优势,是目前流通加工领域的新形式。

(二) 流通加工的方式

1. 剪板加工

剪板加工是在固定地点设置剪板机或各种剪切、切割设备,将大规模的金属板材裁切为小尺寸的板料或毛坯。

2. 集中开木下料

集中开木下料是指在流通加工点,将原木锯裁成各种规格的木板、木方,同时将碎木、碎屑集中加工成各种规格的夹板板材,甚至还可以进行打眼、凿孔等初级加工。

3. 配煤加工

配煤加工是指在使用地区设置加工点,将各种煤及其他一些发热物资,按不同的配方进行掺配加工,形成能产生不同热量的各种燃料。

4. 冷冻加工

冷冻加工是指为解决鲜鱼、鲜肉、药品等在流通中保鲜及装卸搬运问题,采取低温冷冻方式的加工。

5. 分选加工

分选加工是指对于农副产品规格、质量离散较大的情况,为获得一定规格的产品,采取人工或机械方式加工。

6. 精制加工

精制加工是指在农、牧、副、渔等产品的产地或销售地设置加工点,去除无用部分,进行切分、洗净、分装等加工。

7. 分装加工

分装加工是指为了便于销售,在销售地区对商品按零售要求进行新的包装,即大包装改小包装、散装改小包装、运输包装改销售包装等,以满足消费者对不同包装规格的需求,从而达到促销的目的。

8. 组装加工

组装加工是指在销售地区,由流通加工点对出厂配件、半成品进行拆箱组装,随即进行销售。

9. 定制加工

定制加工是指特别为用户加工制造适合个性的非标准用品。这些用品往往不能由大企业生产,只好由流通加工企业为其"量身定制"。

第四节　国际物流配送

一、国际物流配送的含义

配送是在经济合理区域范围内,根据用户要求,对物品进行拣选、加工、包装、分割、组配等作业,并按时送达指定地点的物流活动。它是物流中一种特殊的、综合的活动形式,是商流与物流紧密结合,既包含了商流活动和物流活动,也包括了物流中若干功能要素的一种形式。由于配送一般均在整个物流过程的终端,直接面对市场的需求,因此,在当今的社会中,物流配送的功能作用正急剧增大。配送功能完成的质量及其达到的服务水平,直观而具体地体现了物流系统对客户要求的满足程度。

国际物流配送是指在国家与国家之间进行商品(或货物)的配送,即物流配送活动在两个或两个以上的国家进行,也就是说配送活动在不同国家之间进行,是国际贸易的一种新分支。国际物流配送是国际市场流通的重要形式,是改变传统国际商品流通的一种新型竞争手段。物流竞争属于服务竞争,物流配送是一种主动出击的营销方式。例如,一个专业市场上有 10 个经销商,如果有一个客户来,那么其中一个经销商对此客户的市场占有率仅为 10%,但如果此经销商采用配送的方式,送货上门,就能独占此客户市场,市场占有率达 100%。

二、国际物流配送的特点

(一) 跨区域、跨国家,物流环境复杂

国际物流配送跨越不同地区和国家,跨越距离长、运输方式多。各国物流环境的差异,

不同国家适用不同的法律、标准，以及各自不同的经济条件、科技发展水平和不同的风俗文化，都使得跨国配送的复杂性远远高于国内配送方式。因此需要合理、谨慎地选择运输路线和运输工具，尽可能地降低货物的运输成本。

（二）高风险性

由于要在多个不同的国家间进行，因此存在未知的风险，主要有政治风险、经济风险和自然风险。政治风险主要是指由于不同政治制度导致国家的政局动荡，如罢工、战争等原因造成货物可能受到的损害或灭失；经济风险又可以分为汇率风险和利率风险，主要是指从事国际物流必然要发生的资金流动，从而产生的货币风险；自然风险是指可能因不可抗力的自然因素，如台风、暴雨等而引起的风险。

（三）运输形式

跨国配送的输送形式主要以海运为主、航空为辅。国内物流配送运输方式主要以公路运输、铁路运输以及内河船运为主，而国家间的物流配送由于距离远、风险大，从运输成本考虑，一般以海运为主。

（四）跨国配送时间性强

按时装运，及时将货物由起运地运至目的地，对于提高产品竞争能力、抢占市场份额等，具有非常重要的意义。

（五）设施标准化

要使跨国配送畅通无阻，统一标准是非常重要的，如果没有制定统一标准，必然会在运转、交换、运输工具方面耗费不必要的时间和费用，降低企业的竞争能力。目前，美国、欧洲基本实现了配送工具和设施的统一标准，如托盘采用 1 000 mm×1 200 mm 规格、集装箱设置了几种统一的规格，统一采用条形码技术等。

（六）信息系统的支撑

信息系统是国际联运中非常重要的支付手段。国际化信息系统建立的难点，一是管理困难，二是投资巨大。电子商务环境中以网络信息为特征开展的商务活动和结算方式，需要具备相适合的综合信息和物流经济体系。创造一个与电子商务活动相适应的国际物流中心会更好地解决商务和物流配送的问题。

（七）高利润

国际物流配送比国内配送具有更高的收益和利润，如一辆进口汽车，某部件损坏，必须通过国际物流配送才能快速修复，配送公司可因此获取高额的配送收入。

三、国际物流配送运作

要完成国际物流配送,需要在配货中心完成集货、储存、分货、配货及配装送货的工作流程。

(一)国际物流配送流程

1. 集货

集货是指根据用户的订货要求,将所需货物集中起来。配送中心必须汇集许多生产企业生产的货品,大批量地进货,以备齐所需货物。一般说来,集货批量远大于配送批量,才能从差额中获得效益。集货一般采用大批量、低成本运输手段。

2. 储存

配送中心必须保持足够的储备量,以防止储备告竭缺货,造成所有实现低库存或"零库存"的企业生产中断。

3. 分货及配货

为完成配送任务,首先必须完成配货任务。配货是指将利用各种拣选设备和传输装置拣取货物完成客户订单,经过配货检查,包装成件,并做好标志,然后运到指定发货准备区,等待装车。

4. 配装送货

配装送货是指按配送要求装车送货,指采用科学的装载方法,把多个用户的货物或同一用户的多种货物合理安排到运输工具上,以充分利用运输工具的载重量和容积。配送中心的主要设施和设备有:装卸机械(叉车、超重机),储存设施(货架、堆场),主传输装置和分支传输装置,货物识别装置(如光电识别机构、识码器等),暂存及装运设施,棚、厢式配送车辆等。

(二)国际物流配送运作方式

配送服务方式主要有如下几种。

1. 定时配送

这是指按规定时间间隔进行配送,如一天、数天或数小时一次等。每次配送的品种及数量可按计划执行,也可以在配送之前以商定的联络方式(如电话、传真、计算机通信等)通知配送品种及数量。

2. 准时配送

这是按照双方协议的时间,准时、准点将货物送达用户的一种服务方式。它是根据用户的生产节奏,按指定的时间将货送达的方式。

3. 定量配送

这是指按照协议规定的数量在一个指定的时间范围内进行配送。

4. 定时定量配送

这是指按规定的配送时间和配送数量进行配送。

5. 定时定线配送

这是指在规定的运行路线上,指定配送车辆到达的时间表,按运行时间表进行配送。用户可以按照配送企业规定的路线及规定的时间到指定的位置接货。

6. 即时应急配送

这是指既不预先规定配送数量、配送时间,也不规定配送路线,而是完成用户突然提出的时间、数量、品种以及配送方式进行的配送。

7. 成套、配套配送

这是按照企业的生产需要,尤其是装配型企业的生产需要,将每一件产品所需全部零部件配齐,按生产进度及节奏定时送达生产企业。生产企业可根据生产进度按时将此成套零部件送入生产装配线进行产品组装。

8. 代存、代供配送

用户将属于自己的货物委托配送企业代存、代供,有时还委托代订,然后由配送企业进行配送。

9. 加工配送

经过流通加工后,再进行的配送。

10. 尽量直达配送

这是指尽量减少中转、换载的配送方式。

四、国际物流配送运营

国际化配送是全球的配送活动,国际配送运输是物流配送决策中的关键所在。在国际贸易业务中,除采购产品的成本外,一般来讲,配送运输成本比任何其他物流活动的成本所占的比重都高。经营配送运输业务的车辆可以采用企业自己拥有运输设备,或是与运输公司签订服务合同,即外包运输业务。

(一) 自营配送

从用户的角度考虑,配送理想状态是,运作绩效更好,服务更方便,运力更大,成本更低。满足用户的需求,从企业的角度企业必须投资运输设备以获得运力并遵守长期协议。一般情况下如果运量大,自营运输服务会比外购服务更经济些。有的企业对服务有特殊要求,公共承运人的服务就将无法满足其要求,所以即使成本再高也不得不自己投资运输业务。

1. 自营配送运输的优点

(1) 高度可靠的快速运送服务;

(2) 非通用的特殊设备;

（3）货物的特殊搬运处理要求；

（4）要求服务随叫随到。

2. 自营配送运输的缺点

（1）需要投入大量的固定资产，如车辆等；

（2）资源难以充分利用；

（3）分散主营业务。

（二）外包配送

国际物流配送的外包是一种发展于 20 世纪 90 年代的企业经营决策。外包在物流领域的发展主要归因于组织放松了运输职能、关注核心竞争能力、缩减库存、加强物流管理软件的功能等。现在的物流公司利用复杂的计算机追踪技术降低运输风险，使其为企业增加的价值比原来内部执行该职能时更多。物流公司用电子数据交换技术和卫星定位系统追踪运输情况，告诉客户司机所处的具体位置以及交付何时能够完成等。

公共承运人服务于众多客户，优点是运输总成本较低，运输设备的效率高。选择公共运输外包的好处是企业运输风险小，运输过程中发生的车祸、货物的损毁、回程空驶、运输设备的闲置浪费等都可以避免，但并不总是能满足单个用户的特殊需要。

1. 配送外包经营的优点

（1）降低固定成本，不需要投入大量的硬件设备；

（2）减少人工数；

（3）使企业能集中精力开发核心竞争能力；

（4）获得、使用外部知识或运作技术；

（5）库存、物料处理以及其他不增值；

（6）流通成本最小化；

（7）缩短开发、生产循环的时间；

（8）回应媒体正面报道。

2. 配送外包经营的风险

（1）容易失去控制，特别是在国际复杂的环境中；

（2）暴露供应商风险、财务能力，缺乏外援约束；

（3）交货迟缓，允诺的客户服务无法做到，缺乏回应，日常管理质量差；

（4）非预期支出或额外费用多；

（5）难以定量化管理；

（6）转换成本高；

（7）供应限制；

（8）需要高层管理者的更多关注；

（9）可能被局限于陈旧的技术；

（10）对长期柔性和满足市场变化的考虑。

本章小结

　　本章主要介绍国际物流包装、流通加工以及配送等业务活动。国际物流包装业务主要介绍包装的主要标志，流通加工业务重点介绍主要的国际物流加工方式，国际物流配送业务主要介绍配送业务的业务流程以及配送运营方式。

复习与思考

1. 国际物流包装具有哪些基本作用？
2. 国际物流包装具有哪些主要包装标志？
3. 国际物流流通加工具有哪些主要加工方式？
4. 简述国际物流配送的主要运作流程。

第八章　国际保税物流

　　自由经济区(保税经济区)是进行保税物流的特殊经济区域,近年来发展较快,其物流运作形式不断创新,同时也促进了国际物流的发展。本章主要介绍保税经济区的类型和物流业务特点、我国保税区功能与运作方式;重点阐述我国保税物流发展阶段及保税物流主要运作模式。

第一节　自由经济区概述

　　第二次世界大战后,许多国家为了加强本国的经济实力和扩大对外贸易,不仅扩建码头、仓库、厂房等基础设施和实行免除关税的优惠待遇,而且发展更多的自由经济区以吸引外国企业。各国或地区设置的自由经济区名目繁多、规模不一,主要有以下几种:自由港或自由贸易区、保税区、出口加工区、保税物流园区与保税港区、过境区、自由边境区等。

一、自由港或自由贸易区

　　自由港(Free Port)有的也称自由口岸,自由贸易区(Free Trade Zone)也称对外贸易区、自由区、工商业自由贸易区等。其相关内涵已在前面章节进行了详细介绍,在此主要介绍世界主要自由贸易区的分布。

　　据统计,全世界目前大约有各种形式、各种名称的自由贸易区700多个,遍及五大洲100多个国家和地区。其中约1/3是由发达国家和地区设立的,其余约2/3是由发展中国家和地区设立的。

(一) 欧洲的自由贸易区

　　欧洲已有20多个国家和地区设立了100多个自由贸易区,其中以南欧、中欧、西欧最为集中,东北欧的密度较低。南欧的西班牙、意大利、希腊等国家和地区共设立了32个自由贸易区,其中西班牙最多,为18个;中欧的瑞士有28个自由贸易区;西欧的英国、法国、德国、爱尔兰和荷兰共设有自由贸易区24个。

（二）美洲的自由贸易区

北美洲以美国设区最多，遍及全国各个地区。拉丁美洲的自由贸易区基本上呈从南到北的线状分布，到目前为止已发展到 26 个国家共 100 多个自由贸易区。其中较为成功的主要有巴西的玛瑙斯自由贸易区、墨西哥的加利福尼亚自由边境区、巴拿马的科隆自由贸易区和海地的太子港自由贸易区等。墨西哥在拉美国家中设立的自由贸易区最多。

（三）亚洲的自由贸易区

世界上的自由贸易区集中在亚太地区，其中东盟地区（菲律宾、马来西亚、新加坡、印度尼西亚和泰国等）的自由贸易区密度很高，在世界自由经济区中占有重要地位。

（四）非洲的自由贸易区

自 20 世纪 70 年代以来，非洲已有 20 多个国家设立了 130 多个自由经济区，主要集中在毛里求斯、突尼斯和埃及 3 个国家。

（五）大洋洲的自由贸易区

1986 年 6 月，澳大利亚政府在达尔文市创办了大洋洲第一个自由贸易区；1988 年，斐济宣布设立自由贸易区。自由贸易区在大洋洲正处于日益发展之中。

（六）中国的自由贸易区

我国的自由贸易区起步较晚，改革开放以来相继建立了经济特区、经济技术开发区等，但这些区域在运作和形式上与国际上通行的自由贸易区还有很大差别。1990 年，我国开始设立严格意义上的保税区，现已发展到了 15 个。根据党中央和国务院的战略部署，上海国际航运中心将在 2020 年建成，而上海航运中心建设的重要内容就是建设上海的自由港——芦洋航运特区，其特征是拥有能够全天候接纳第五、第六代集装箱船舶的深水航道与深水泊位，并要建成为亚洲一流的航运交易中心、航运信息中心和亚洲最大的物流转运中心。

二、保税区

有些国家如日本、荷兰等，没有设立自由港或自由贸易区，但实行保税区制度。保税区（Bonded Area）又称保税仓库区，是海关所设置的或经海关批准注册受海关监督的特定地区和仓库。外国商品存入保税区内，可以暂时不缴纳进口关税；如再出口，不缴纳出口税；如要运进所在国的国内市场，则需办理报关手续，缴纳进口税。运入区内的外国商品可进行储存、改装、分类、混合、展览、加工和制造等。此外，有的保税区还允许在区内经营金融、保险、房地产、展销和旅游业务。因此，许多国家对保税区的规定与自由港、自由贸易区的规定基本相同，保税区起着类似自由港或自由贸易区的作用。

西方国家在保税区的仓库,有的是公营的,有的是私营的;有的货物的储存期限为1个月到半年,有的期限可达3年;有的允许进行加工和制造,有的不允许进行加工和制造。保税区一般可以分为以下几种形式。

(一)指定保税区

指定保税区是指为了在海港或国际机场简便、迅速地办理报关手续,为外国货物提供装卸、搬运和临时储存的场所。货物在该区内储存的期限较短,限制较严,运入的货物不得超过1个月。指定保税区是公营的。

(二)保税货栈

保税货栈是指经海关批准,由私营企业设置的用于装卸、搬运或暂时储存进口货物的场所。它的职能与上述的指定保税区相同,它是指定保税区的补充。两者的区别在于:指定保税区是公营的,而保税货栈是私营的。

(三)保税仓库

保税仓库是指经海关批准,外国货物可以连续长时间储存的场所。保税仓库便于货主把握交易时机出售货物,有利于业务的顺利进行和转口贸易的发展。在保税仓库内储存货物的期限为2年,如有特殊需要还可以延长。

(四)保税工厂

保税工厂是指经海关批准,可以对外国货物进行加工、制造、分类以及检修等业务活动的场所。保税工厂的外国货物储存期限为2年,必要时也可延长,这点同保税仓库,它相对于保税仓库的优点在于还可加工和制造。

(五)保税展厅

保税展厅是指经海关批准,在一定期限内用于陈列外国货物进行展览的保税场所。保税展厅通常设置在本国政府或外国政府、本国企业或外国企业等直接举办或资助举办的博览会、展览会上,它除了具有保税货栈的功能外,还可以展览商品,加强广告宣传,促进贸易的发展。

1990年,经国务院批准,我国借鉴国际通行的做法,按照自由贸易区模式建立了中国第一个保税区——上海外高桥保税区,随后又先后建立了天津港、深圳福田、深圳沙头角、大连、广州、江苏张家港、青岛、宁波、福州、厦门、汕头、海口、深圳盐田港和珠海保税区,使保税区总数达到了15个。我国的保税区为海关监管区域,不完全等同于国外的自由贸易区(自由港)、出口加工区。对其政策的制定主要是根据中国国情,同时也参考和借鉴了上述国外类似区域的有关政策和通行做法。我国的保税区在发挥招商引资、出口加工、国际贸易、转口贸易和仓储等功能,带动区域经济发展等方面显示出了独特的作用。

三、出口加工区

前面章节已详细介绍过出口加工区的基本内涵。在此，我们仅说明出口加工区与其他自由经济区域的联系与区别。出口加工区脱胎于自由港和自由贸易区，采用了自由港和自由贸易区的一些做法，但它与自由港和自由贸易区有所不同。一般说来，自由港和自由贸易区，以发展转口贸易，取得商业方面的收益为主，是面向商业的；而出口加工区以发展出口加工工业，取得工业方面的收益为主，是面向工业的。

而我国的出口加工区是需要经国务院批准，由海关监管的特殊封闭区域，其功能比较单一，仅限于产品外销的加工贸易，区内设置出口加工企业，及其相关仓储、运输企业。出口加工区实行封闭式的区域管理模式，海关在实行 24 小时监管的同时，简化现行手续，为守法出口加工企业提供更宽松的经营环境，提供更快捷的通关便利，实现出口加工货物在主管海关"一次申报、一次审单、一次查验"的通关要求。

四、保税物流园区与保税港区

保税物流园区是"区港联动"的产物。所谓"区港联动"，即在毗邻保税区的港区划出专门供发展仓储物流产业的区域（不含码头泊位），为了充分发挥保税区的政策优势和港口的区位优势，形成前港后区格局的一种联系紧密的经济区域，就其内涵而言可以说是优势互补和政策叠加。

保税物流园区作为具有口岸功能的海关特殊监管区域，是为了充分发挥保税区的政策优势和港口的区位优势，形成"前港后区"格局的一种联系紧密的经济区域。区内主要发展仓储和物流产业，包括国际中转、国际采购、国际配送、国际贸易四大功能，但不能发展出口加工功能。保税物流园区的出现，是保税区在多年发展的基础上，政策功能完善和转型的重大一步。

保税港区或保税港是近几年才出现的"区港一体化"经济区域，它叠加了保税区、出口加工区和保税物流园区等功能。在我国保税港区是指经国务院批准，设立在国家对外开放的口岸港区和与之相连的特定区域内，具有口岸、物流、加工等功能的海关特殊监管区域。它享受保税区、出口加工区、保税物流园区相关的税收和外汇管理政策。保税港区的功能具体包括仓储物流，对外贸易，国际采购、分销和配送，国际中转，检测和售后服务维修，商品展示，研发、加工、制造，港口作业等。至 2011 年年底，我国已设立上海洋山、天津东疆、大连大窑湾、海南洋浦、宁波梅山、厦门海沧、广西钦州、青岛前湾、深圳前海湾、广州南沙、重庆两路寸滩、张家港、烟台和福建海沧等 14 个保税港区。到目前为止，保税港区是我国保税物流的最高层次，近似自由港。

保税港区是实现区港一体化，具有以下四个方面特点：

（1）特殊政策叠加，享有"免税、免证、保税"和国内货物入区退税等特殊政策，港区内企业之间及境外之间货物流转免征增值税，加工贸易料件进区可以核销，是目前我国政策最优的区域。

（2）区域功能综合，具有物流、加工、贸易、港口作业等多种功能，是综合性对外开放经济区域。

（3）区港体制合一，即保税区、保税物流园区、出口加工区和港口的合一，实行统一规划、统一建设、统一政策、统一管理、统一监管。

（4）产业导向外向，主要发展仓储、加工后出口业务、进口分拨业务、转口业务，业务类型为"两头在外"或"一头在外"。

第二节　保税区与国际物流

在我国，保税区是继经济特区、经济技术开发区、国家高新技术产业开发区之后，经国务院批准设立的新的经济性区域。保税区具有保税仓储、进出口加工、国际贸易、商品展示等功能，享有"免证、免税、保税"政策，实行"境内关外"运作方式，是中国对外开放程度最高、运作机制最便捷、政策最优惠的经济区域之一。我们通常所说的保税物流即是在该区域基础上展开的物流活动。

一、保税区的优势

我国保税区有两个突出的优势：政策优势和区位优势。

（一）政策优势

1. 保税区的政策

我国保税区的政策可概述为："免证、免税、保税"政策。

（1）加工企业生产的产品，除国家另有规定的外，免领出口许可证，免征出口关税和出口增值税。

（2）区内生产性的基础设施建设项目所需的机器、设备和其他基建物资，予以免税。

（3）区内企业自用的生产、管理设备和自用合理数量的办公用品及其所需的维修零配件，生产用燃料，建设生产厂房、仓储设施所需的物资、设备，予以免税；保税区行政管理机构自用合理数量的管理设备和办公用品及其所需的维修配件，予以免税。

（4）区内企业为加工出口产品所需的原材料、零部件、元器件、包装物件，予以免税。

前款第（1）项至第（4）项规定范围以外的货物或者物品从境外进入保税区，应当依法纳税，转口货物和在保税区内储存的货物按照保税货物管理。

（5）区内企业从境外进口的原材料、零部件、元器件、包装物料，予以保税。从事保税性质加工、其加工产品全部出口的，免征加工环节增值税。

2. 保税区的独特政策优势

保税区是中国大陆具有"境内关外"性质的、开放度最大的特殊经济区域，除了具有"免

证、免税、保税"政策以外,还具备一些独特的政策优势:

(1) 境内外企业、组织及个人均可在保税区内从事国际贸易及相关业务。

(2) 从境外进入保税区储存的货物不征收关税及进口环节增值税、消费税,不实行配额、许可证管理,仓储时间不受限制。

(3) 国外货物在保税区与境外自由进出。

(4) 保税区中外资企业均可开立外汇现汇账户,实现意愿结汇,从事保税区与境外之间贸易不办理收付汇核销手续。

(5) 区内货物可以在保税状态下进行分级、包装、挑选、分装、改装、刷贴商标或标志等商业性加工。

(6) 境外企业的货物可委托保税区企业在区内储存并由其代理进口销售等。

(二) 区位优势

所谓区位优势,从经济角度讲就是指设定的区域在走向国际市场,实现生产要素、产品、技术等在国际国内间的自由流动的过程中,其地理位置所显示出的独特的优越条件。利用区位优势设置的特殊经济区域,辅之以优惠政策和良好的基础设施来创造该地区的竞争优势,是一国政府强化对外来资金和技术吸引力、出口贸易扩散力、走向世界经济一体化能力的优势再造。这种优越条件,主要有三种情况:

第一种表现为具有天然生成的相当便利的交通,使这一地区在国际交往、资金、人员、商品等经济上的交流十分方便。具有这种优越地理位置条件的地区一般都靠近沿海,那里有良好的港口条件。沿海地区海上交通不仅便利、畅通,而且海运成本低于任何一种陆上运输成本,能够很方便地实现与全球各国各地区经济上的交往。

第二种区位优势是因与经济上比较发达的国家或地区相邻而产生的经济联动效应。两地毗邻,发达地区或国家在经济上会对落后地区产生较强的示范和带动效应,而且也容易使落后地区的经济运行方式与邻近发达地区相对接,形成一定空间内的超政治制度的经济联动或一体化圈带。

第三种是具有丰富而廉价的自然资源。以丰裕的自然资源为条件,可以大量引进外来资金、先进技术,可以加强海内外经济交往。

我国 15 个保税区均分布在沿海发达地区,交通与区位优势突出,并具有广泛的辐射效应。

首先,我国保税区从地理位置上来说,都位于港口城市,或在港口附近,或在港内。

其次,海、陆、空、铁交通网络发达。像天津港保税区,位居亚欧大陆桥起点,京津塘、津塘等高速公路将其与天津港、天津滨海国际机场直接连通;区内铁路与京山线等国家级铁路网络相连。

最后,腹地广阔。作为城市经济的最前沿,保税区均拥有了广阔的腹地资源。

二、保税区的国际物流运作方式

我国保税区一般具有四种基本运作形式。

（一）保税仓储等保税物流运作形式

保税区内实行"境内关外"的政策,这样一来在保税区内形成相当宽松优惠的保税政策,即货物从海外进入保税区不视同进口,只有从保税区再进入国内其他区域时才视同进口,货物从国内到保税区视同出口,这样就形成了以保税仓储为核心内容的保税物流运作形式。

三资加工贸易企业可以利用保税区的物流功能,从保税区进口原材料,将半成品或成品出口保税区,完成加工贸易的核销工作,将各种转厂手续变成进出口手续,从而大大提高物流效率节省物流成本,此外可以将出口的产品进行内销而没有内销比例等审批限制。

在中国采购的国际企业可以将采购出口货物的配送中心设在保税区,直接对国外市场进行货物配送,从而解决销售地高成本配送问题。销售中国市场的进口货物可以先保税仓储在保税区内,再根据实际的销售数量和形式进行货物清关工作,一方面可以减少供应链维系的资金积压成本(海关税金占用流动资金),另一方面可以适应中国企业的不同销售形式(免税销售和完税销售)。

（二）出口加工等加工运作形式

保税区内的加工贸易企业不实行银行保证金台账、不实行外汇核销制度,非常有利于企业开展出口加工工作。保税区内加工贸易企业使用的进口设备全部实行免税,不受项目内容限制和投资总额的限制。

（三）国际贸易等贸易运作形式

中国国内目前还不允许外资独资成立单纯贸易性企业,但在保税区可以成立并可以取得一般纳税人的权利,拥有人民币账户,可开增值税发票,实际上已经拥有在国内从事纯贸易活动的权利,这是保税区的国内贸易功能。

目前国内的贸易性公司无法从事转口贸易,但保税区内的企业有外币的现汇账号,可以从事外币结算货物的贸易活动,实际上是拥有了国际转口贸易的功能。保税区内的贸易性企业同时拥有国内贸易和转口贸易双重身份的权利,这就构成了保税区的贸易功能多样化形式。

（四）商品保税展示等展示运作形式

由于保税区实行的是国际自由贸易区的模式,因此国际商品的保税展示成为一项重要的保税区功能运作形式。从国外运往中国的货物可以在保税区内进行商品展示,可以设立相应的展览场馆,安装模拟使用国际的各种产品,这样一来非常有利于国际产品销售到中国,一方面大大降低展览成本,简化展览产品的通关手续,另一方面缩短考察的时间,相应减低了国内企业的采购成本。

目前在全国的保税区内主力展示的商品为保税汽车和大型工程机械成套设备,由于这些产品国内展示成本非常高,保税区展示优势非常突出。

第三节　保税物流

一、保税物流的概念

目前,对保税物流还没有正式的、统一的定义。保税是滞后纳税或滞后核销,是海关对特定区域、特定范围的应税进口货物暂缓征税,当货物离开该特定区域、特定范围时,根据货物的真实流向决定征税与否;对货物的保税可减少经营者的流动资金占用、加速资金周转。

保税货物一般是指经海关批准未办理纳税手续进境,在境内储存、加工、装配后复运出境的货物。因此,保税物流是指针对保税货物的物流运作,它是伴随保税区的各项功能活动的展开而产生的物流活动。进而可知,保税物流一般都发生在保税区之内。

此外,保税区除了"保税"特征之外还包括"免税"特征。所以发生在保税区的物流活动不仅仅是保税物流,还包括免税物流(国际中转物流、较大型保税区的区内自用免税物流)和完税物流。因此,保税区内的物流活动范畴一般比保税物流本身更广泛一些。

二、保税物流的运作模式

现阶段,保税物流的主要运作模式有以下几类。

(一)国际保税仓储模式

这是指在国际贸易活动中发生的以保税仓储为主要物流运作方式的国际保税仓储类物流。这类货物一般在保税区进行仓储后经保税区进/出境,货物本身不发生性质、形态、用途等的变化。

这类形式的保税物流主要有以下六种模式:

(1)直通进口:货物从境外发运,经保税区直接进口(不仓储);

(2)仓储进口:货物从境外发运,经保税区仓储一段时间后,正式进口;

(3)仓储出口:货物从国内发运,经保税区仓储一段时间后,正式出口;

(4)仓储转口:货物从境外发运,经保税区过境或仓储后转口至消费国;

(5)出口复进口:货物从国内发运至保税区,仓储或不经仓储复进口国内;

(6)直通出口:货物从国内发运,经保税区直接出口。

(二)国际加工模式

该模式是我国保税区发展到一定时期(大约1994年至1998年)出现的保税物流主要运作形式。1994年6月,我国在天津召开了全国保税区工作座谈会(简称"天津会议"),提出了我国建设和发展保税区的根本目标,是要改善我国的投资、建设软环境,特别是利用海关保税的独特条件,最大限度地利用国外资金、技术发展外向型经济,是保税区真正成为新的经济增长点,带动区域经济的发展。在此基础上,还明确提出了保税区的三大功能——出口加工、国际贸易、保税仓库和商品展示,要求各个保税区围绕这三大功能来开发,并旗帜鲜明地提出保税区要首先发挥其出口加工功能,以推动外向型经济发展。

这一时期,保税区功能的开发,各地区各有侧重,但以出口加工和商品展示为主流。主要有:

(1) 以加工贸易为主要贸易方式的加工贸易类物流,这类货物(主要指原材料和制成品)一般是由保税区内的生产加工企业输出/入;

(2) 以保税区内政府机关、企业引进用于展示或为办公生产所需,从国内/外采购的机器设备、办公物资的展示、采购类物流,这类货物进入保税区后,暂时不再流动。

(三)国际展示模式

国际展示保税物流有三种常见模式:

(1) 100%来自境外,在保税区内展示、使用;

(2) 100%来自国内,在保税区内展示、使用;

(3) 部分来自境外,部分来自国内,在保税区内展示、使用。

(四)物流分拨中心运作模式

21世纪之后,国际物流分拨成为我国保税区的主要功能。自20世纪末以来,跨国公司根据其全球化经营的需要,在世界范围内整合资源进行国际化生产和销售,这就需要在生产或销售区域集中或邻近地区进行大量的物流分拨作业,而中国保税区内的优惠政策会进一步吸引这些国际物流业务进驻区内。因此伴随着跨国公司业务的大量增加,国际物流公司、跨国公司内部的分拨物流部分以及专业物流公司纷纷入驻保税区,成了近几年保税区新的国际物流业务增长点。

三、保税物流园区运作模式

区港联动,即设立保税物流园区进行保税物流运作。保税物流园区主要功能可概括为:国际配送、国际采购、国际转口贸易、国际中转。其保税物流主要运作模式包括以下四种。

(一)基于国外大宗进口商品向国内市场分销的物流业务运作

国外大宗进口商品利用保税物流园区作为物流分拨基地,面向国内市场开展分销活动,是目前一些跨国公司和具有较强专业性国际企业的一种主要运作方式。

利用保税物流园区作为物流分拨基地,其物流运作的特点:一是进口环节大批量、小批次,而进入国内市场则采用"多批次、小批量";二是物流运作的主体比较多元化,既有跨国公司和专业化国际企业在保税物流园区设立的分支机构,也可以由其在中国的代理商负责,或委托保税物流园区内物流企业进行物流运作。

（二）基于国内出口商品在保税物流园区集结和处理的物流业务运作模式

随着全球经济一体化进程的加快和中国商品国际竞争能力的提高,跨国采购活动已日益频繁地出现在中国市场,许多生产性跨国公司、国际大型零售企业和专业化国际采购公司的采购网络正在向中国延伸。在保税物流园区国际采购中心,利用低成本的物流及相关服务设施,降低集配作业物流成本,将中国市场采购的商品输往世界各地。

（三）基于转口贸易的物流运作模式

转口贸易的物流运作是以区内第三方物流企业为主体,其物流业务的主要内容是为转口过境商品提供仓储、多式联运、向不同区域市场分拨以及物流信息服务等。保税物流园区通过提供商品展示功能和交易服务功能,可以促进区域贸易活动的开展。

（四）国际货物中转物流模式

国际中转对国际、国内货物及进出口集装箱货物进入保税物流园区或保税港区进行分拆、集拼、转运至境内关外其他目的港。涉及国际中转功能是为了更好地结合港口地缘优势和保税区优惠的政策优势,充分利用保税区所具有的"两头在外"的功能和港区航运资源为货物快速集并、集散等方面提供的便利条件,开展货物进口、出口、中转的集运、多国多地区的快速集并和国际联合快运等业务,加快货物在境内外的快速流动。

四、保税物流中心

（一）保税物流中心跟保税区的区别

首先两者的性质不同:保税区属海关特殊监管区域,保税物流中心属海关特殊监管场所;其次两者的功能不同:保税区不享有国内货物入区即退税政策,保税物流中心享有国内货物入区即退税政策;业务范围不同:保税区可以开展加工、检测维修、商品展示等业务,保税物流中心不能开展。

（二）分类

保税物流中心主要分为 A、B 两类,其具体内容如表 8-1 所示。

表 8-1　保税物流中心类型

	A	B
构成区别	是批准由一家法人企业设立的并经营的保税物流服务的海关监管场所	多家保税物流企业在空间上集中布局保税物流的海关监管场所
审批和验收程序	由企业申请,经直属审批,由直属和省国税,外汇管理部分验收	直属受理,总署审批,由税务总局和外汇管理部门验收

	A	B
企业资格条件	针对大型生产型跨国公司和大型物流企业,最低3 000万元	对企业入驻的资格要求不高,注册资本5万元
货物存储期限	1年	2年

(三)保税物流中心功能

1. 出口退税

企业在商品报关出口时,退还其生产该商品已纳的国内税金;出口产品企业用进口原料或半成品,加工制成产品出口时,退还其已纳的进口关税。

2. 保税存储

包括对进入保税物流中心的商品所进行的堆存、保管、保养、维护等一系列活动。

3. 流通加工

在物品从生产领域向消费领域流动的过程中,为了促进产品销售、维护产品质量和实现物流效率化,对物品进行加工处理,使物品发生物理或化学性变化的功能,如包装、装袋、定量化小包装、贴标签、配货、挑选等。

4. 国际中转

负责接收通过各种运输方式的到达货物,并进行分拣、集装、存储和综合处理,并换装其他国际航线飞机后,继续运往第三国(地区)指运口岸。

5. 国际配送分拨

对进口货物进行分拣、分配或进行简单的临港增值加工后向国内外配送。

6. 国际采购中心

对国际采购货物、出口货物进行综合处理和简单的临港增值加工后向国内外销售,及对国内采购商品在采购中心进行分拣、重组或与进口商品进行流通性简单加工后向国外分销、集运两种。

7. 国际转口贸易

包括进口货物在保税物流中心内存储后不经加工即转手出口到其他目的地的业务,即商品从生产国运往保税物流中心进行中转、存储或简单加工和增值服务后再销往消费国、第三国,从中获取利润的贸易活动。

8. 信息服务

保税物流中心的信息服务功能建立在计算机网络技术和国际通用的EDI信息技术基础之上,是保税物流中心物流活动的中枢神经。

（四）保税物流中心跟其他物流中心的区别

保税物流中心跟其他物流中心的区别，如表8-2所示。

表8-2 保税物流中心域其他物流中心的区别

比较事项	保税物流中心	其他物流中心
进口生产设备、零部件、模具、基建材料、办公用品等	免征关税	基建材料、零部件、模具、办公用品等照章征税。符合国家产业导向鼓励类和限制乙类项目机器、设备等免税，其余征税
通关	口岸清关或转关	直通或转关。直通关点整箱可直进，散货由口岸海关报关
加工贸易生产用料件进口	料件保税，取消银行保证金台账，实行海关稽查制度	保税料件使用手册和银行保证金台账管理，进出口报关制度。逐项审批，电子和人工审单，逐本手册核销
配额、许可证管理	进口不需要配额许可证	正常的配额、许可证管理
国内采购	视同出口，须待货物离境后方可办理退税	国内销售需要征收增值税
区内保税料件转让	区内半成品和原材料可自由转让、交易	保税料件转内销必须补税
加式复出口	免征增值税	增值税先征后退
料件核销	每本手册核销	每本手册核销
外汇核销	不办理外汇核销手续	出口核销单管理进口付汇核销手续

（五）允许存放的货物

（1）国内出口货物；

（2）转口货物和国际中转货物；

（3）外商暂存货物；

（4）加工贸易进出口货物；

（5）供应国际航行船舶和航空器的物料、维修用零部件；

（6）供维修外国产品所进口寄售的零配件；

（7）未办结海关手续的一般贸易进口货物；

（8）经海关批准的其他未办结海关手续的货物。

（六）保税物流中心的业务范围

（1）加工型企业出口转内销；

（2）国内制造商保税料件；

（3）出口制造商成品库存；

（4）跨国公司国际采购。

（七）保税物流中心的业务流程

（1）进区出口退税、分拆集拼、集运离境；
（2）进区出口退税、增值服务、进口征税；
（3）进口配送、分批出区、集中报关；
（4）进区出口退税、凭手册出区、保税加工；
（5）国际中转、二次拼箱；
（6）国际中转、延迟转运、进出口集运。

本章小结

本章主要介绍国际保税物流业务。首先主要介绍了保税物流业务开展的重要区域自由经济区及其构成，并分别介绍了不同区域各自特点。其后介绍了在保税区开展国际物流的主要运作流程及方式。最后重点介绍保税物流业务的运作模式。

复习与思考

1. 保税港区的功能与传统保税区相比有哪些方面的突破？
2. 简述保税物流的主要运作模式。
3. 我国保税物流经历了哪几个阶段？为什么说保税港区是保税物流最高层次的功能区？
4. 比较保税港区与保税区政策和功能的异同。
5. 试比较我国已设立的 14 个保税港区的优势与发展特点。

第九章　国际物流增值服务

第一节　国际物流增值服务概述

一、国际物流增值服务的概念

所谓国际物流增值服务,是指国际物流企业在完成物流基本功能基础上,根据客户的个性化需求提供的各种延伸业务活动。

二、国际物流增值服务的特点

(一) 与传统物流服务密切衔接

国际物流增值服务一般都是指在传统物流业务的基础上延伸出来的相关服务,因此增值服务业务一定与传统物流服务有着密切关联。当纯粹的物流服务不能满足客户需求时,国际物流企业一定会寻求与物流服务密切相关的服务内容以稳定和发展客户,但绝不会与原有传统业务相脱离。因此物流传统业务一定与增值服务内容密切衔接。

(二) 增值服务业务的广泛性

随着增值服务业务要求的不断提高以及客户需求的不断细化,传统物流业务一定会在与其他业务实现业务交叉与衔接的基础上不断创新业务内容,既可以满足客户不断呈现出的个性化需求,又可以不断拓展创新业务渠道,实现增值服务业务的广泛拓展,与其他服务行业实现业务的有效衔接。

三、国际物流增值服务的种类

国际物流增值服务的种类较多,而且随着客户需求的持续细化,种类将会更加多样。目前,国际物流增值服务中主要包含以下两个方面。

（一）已广泛开展的国际物流增值服务

1. 承运人型增值服务

承运人型增值服务一般由承运货物的运输公司承担，其开展与承运业务相关的增值服务内容。例如，开展从收货到递送的货物全程追踪服务、电话预约当天收货、对具有特殊运输要求的货物提供服务、车辆租赁、被客户退回货物的回收服务等业务。

2. 仓储型增值服务

这类服务一般会由具有大型仓储能力的国际物流企业承担。例如，开展材料及零部件的到货检验、材料及零部件的安装、按照客户要求重新包装、成品标记服务以及按特殊要求进行超常规的仓储服务等业务。

3. 货运代理型增值服务

例如，开展订舱、租船、包机、托运等传统货运代理服务外，还开展货物监装、集装箱分拆、中转、短途运输间衔接、多式联运等业务。

（二）创新型的物流增值服务

这一类型的物流增值服务具有较强的创新性，不仅是对物流行业与其他行业间业务关联的创新拓展，同时也会对已有物流增值服务的再创新、再拓展，从而形成持续创新的国际物流增值服务内容。这一类型的主要业务包括国际物流金融业务、国际物流加工业务、国际物流管理咨询业务等。

第二节 国际物流金融服务

一、国际物流金融服务的内涵

国际物流金融是指在面向国际物流业的运营过程，通过应用和开发各种金融产品，有效地组织和调剂物流领域中货币资金的运动。这些资金运动包括发生在国际物流过程中的各种存款、贷款、投资、信托、租赁、抵押、贴现、保险、有价证券发行与交易，以及金融机构所办理的各类涉及物流业的中间业务等。

可以看出，国际物流金融是为物流产业提供资金融通、结算、保险等服务的金融业务。在国际物流金融中涉及三个主体：国际物流企业、客户和金融机构。国际物流企业与金融机构联合起来为资金需求方企业提供融资，物流金融的开展对这三方都有非常迫切的现实需要。物流和金融的紧密融合能有力支持社会商品的流通，促使流通体制改革顺利进行。物流金融正成为国内银行一项重要的金融业务，并逐步显现其作用。

此外，国际物流金融不仅能提升国际物流企业的业务能力及效益，还可以为企业融资及提升资本运用的效率。对于金融业务来说,物流金融的功能是帮助金融机构扩大贷款规模降低信贷风险,在业务扩展服务上能协助金融机构处置部分不良资产、有效管理客户、提升质押物评估、企业理财等顾问服务项目。

二、国际物流金融服务的运作模式

(一) 资产流通模式

这是指国际物流企业利用综合实力、良好信誉,通过资产经营方式,间接为客户提供融资、物流、物流加工等集成服务。其包括替代采购模式和信用证担保模式。

1. 替代采购模式

这是由国际物流企业代替借款企业向供应商采购货品并获得货品所有权,然后根据借款企业提交的保证金的比例释放货品。

2. 信用证担保模式

国际物流企业与外贸公司合作,以信用证方式向供应商支付货款,间接向采购商融资;供应商将货物送至融通仓的监管仓库;根据保证金比例,释放货物给采购商。

(二) 资本流通模式

资本流通模式指金融物流提供商利用自身与金融机构良好合作关系,为客户与金融机构创造良好的合作平台,协助中小型企业向金融机构进行融资,提高企业运作效率。其主要包括仓单质押融资业务模式、担保模式、直接融资模式。

1. 仓单质押融资业务模式

仓单质押贷款,是制造企业把商品存储在国际物流企业仓库中,国际物流企业向银行开具仓单,银行根据仓单向制造企业提供一定比例的贷款,国际物流企业代为监管商品。这也是现在当前物流行业主要拓展的金融业务。开展仓单质押业务,既可以解决货主企业流动资金紧张的困难,同时保证银行放贷安全,又能拓展仓库服务功能,增加货源、提高效益,可谓一举多得。仓单质押作为传统储运向现代物流发展的一个延伸业务,在得到越来越多的企业认可的同时,也被看成是一种金融产品。因此,仓单质押模式比较适应物资流通类企业融资难、银行放贷难的市场特点,能够较好地解决银行和企业之间的矛盾。它通过仓储企业作为第三方担保人,有效地规避了金融风险,可以在相当长一段时间里,解决很多国家(地区)目前信用体系不健全的问题。

2. 担保模式

统一授信就是银行把贷款额度直接授权给国际物流企业,再由国际物流企业根据客户的需求和条件进行质押贷款和最终结算。国际物流企业向银行按企业信用担保管理的有关规定和要求提供信用担保,并直接利用这些信用额度向相关企业提供灵活的质押贷款业,银行则基本上不参与质押贷款项目的具体运作。该模式有利于企业更加便捷地获得融资,减少原先质押贷款中一些烦琐的环节,也有利于银行提高对质押贷款全过程监控的能力,更加灵活地开展质押贷款服务,优化其质押贷款的业务流程和工作环节,降低贷款的风险。

3. 直接融资模式

在国际物流企业的物流业务流程中,当国际物流企业为发货人承运一批货物时,国际物流企业首先代提货人预付一半货款,当提货人取货时则交付给国际物流企业全部货款。国际物流企业将另一半货款交付给发货人之前,产生一个资金运动的时间差,即这部分资金在交付前有一个间隔期,在资金间隔期内,国际物流企业等于获得了一笔便利的资金。在这里,这笔资金不仅充当交换的支付功能,而且这种资本的运动是紧密地服务于物流服务的。这不仅加快客户的流动资金的周转,有助于改善客户的财务状况,为客户节约了存货持有成本,而且为企业带来比其他模式更大的利润。

(三)综合模式

综合模式包括资产流通运作模式和资本流通运作模式,是金融物流高层次运作模式,其对金融物流提供商要求较高。

以上国际物流金融服务类型是以符合当前市场特性的国际物流金融服务业务运作模式,其实际业务操作会依据相关模式予以开展。

三、国际物流金融实务操作

(一)国际物流结算金融

国际物流结算金融是指利用各种结算方式为国际物流企业及其客户融资的金融活动。目前主要有代收货款、垫付货款、承兑汇票等业务形式。

1. 代收贷款业务

代收货款业务是国际物流企业为有业务关联的企业(大多为各类邮购公司、电子商务公司、商贸企业、金融机构等)提供传递实物的同时,帮助供方向买方收取现款,然后将货款转交投递企业并从中收取一定比例的费用。代收货款模式是物流金融的初级阶段,从盈利来看,它直接带来的利益属于国际物流企业,同时厂家和消费者获得的是方便快捷的服务。

2. 垫付货款业务

垫付货款业务是指当国际物流企业为发货人承运一批货物时,国际物流企业首先代提货人预付一半货款;当提货人取货时则交付给国际物流企业全部货款。为消除垫付货款对国际物流企业的资金占用,垫付货款还有另一种模式:发货人将货权转移给银行,银行根据市场情况按一定比例提供融资,当提货人向银行偿还货款后,银行向第三方国际物流企业发出放货指示,将货权还给提货人。此种模式下,国际物流企业的角色发生了变化,由原来商业信用主体变成了为银行提供货物信息、承担货物运送,协助控制风险的配角。

3. 承兑汇票业务

承兑汇票业务也称保兑仓业务,其业务模式为:开始实施前,买方企业、卖方企业、国际物流企业、银行要先签订《保兑仓协议书》,国际物流企业提供承兑担保,买方企业以货物对国际物流企业进行反担保,并已承诺回购货物;需要采购材料的借款企业,向银行申请开出承兑汇票并缴纳一定比率的保证金;银行先开出银行承兑汇票;借款企业凭银行承兑汇票向供应商采购货品,并交由国际物流企业评估入库作为质押物;金融机构在承兑汇票到期时兑现,将款项划拨到供应商账户;国际物流企业根据金融机构的要求,在借款企业履行了还款义务后释放质押物。如果借款企业违约,则质押物可由供应商或国际物流企业回购。从盈利来看,买方企业通过向银行申请承兑汇票,实际上是获得了间接融资,缓解了企业流动资金的紧张状况。供方企业在承兑汇票到期兑现即可获得银行的支付,不必等买方是否向银行付款。银行通过为买方企业开出承兑汇票而获取了业务收入。国际物流企业的收益来自两个方面:第一,存放与管理货物向买方企业收取费用;第二,为银行提供价值评估与质押监管中介服务收取一定比例的费用。从盈利来看,有业务关联的企业获得了融资,银行获得了利息收入,而国际物流企业也因为提供了物流信息、物流监管等服务而获得了利润。

(二)国际物流仓单金融

国际物流仓单金融主要是指融通仓融资,其基本原理是:生产经营企业先以其采购的原材料或产成品作为质押物或反担保品存入融通仓并据此获得协作银行的贷款,然后在其后续生产经营过程中或质押产品销售过程中分阶段还款。国际物流企业提供质押物品的保管、价值评估、去向监管、信用担保等服务,从而架起银企间资金融通的桥梁。其实质就是将银行不太愿意接受的动产(主要是原材料、产成品)转变成其乐意接受的动产质押产品,以此作为质押担保品或反担保品进行信贷金融。

从盈利来看,供方企业可以通过原材料产成品等流动资产实现融资。银行可以拓展流动资产贷款业务,既减少了存贷差产生的费用,也增加了贷款的利息收入。国际物流企业的收益来自两个方面:第一,存放与管理货物向供方企业收取费用;第二,为供方企业和银行提供价值评估与质押监管中介服务收取一定比例的费用。

另外,随着现代物流和金融的发展,国际物流仓单金融也在不断创新,出现了多物流中心仓单模式和反向担保模式等新仓单金融模式。多物流中心仓单模式是在仓单模式的基础上,对地理位置的一种拓展:国际物流企业根据客户不同,整合社会仓库资源甚至是客户自身的仓库,就近进行质押监管,极大降低了客户的滞留成本。反向担保模式对质押主体进行了拓展:不是直接以流动资产交付银行作抵押物而是由国际物流企业控制质押物,这样极大地简化了程序,提高了灵活性,降低了交易成本。

(三)国际物流授信金融

国际物流授信金融是指金融机构根据国际物流企业的规模、经营业绩、运营现状、资产负债比例以及信用程度,授予国际物流企业一定的信贷额度,国际物流企业直接利用这些信贷额度向相关企业提供灵活的质押贷款业务,由国际物流企业直接监控质押贷款业务的全过程,金融机构则基本上不参与该质押贷款项目的具体运作。该模式有利于企业更加便捷地获得融资,减少原先质押贷款中一些烦琐的环节;也有利于银行提高对质押贷款的全过程监控能力,更加灵活地开展质押贷款服务,优化其质押贷款的业务流程和工作环节,降低贷款风险。

从盈利来看,授信金融模式和仓单金融模式的各方收益基本相似,但是由于银行不参与质押贷款项目的具体运作,质押贷款由国际物流企业发放,因此程序更加简洁,形式更加灵活。同时,也大大节省了银行与供方企业的相关交易费用。

四、国际物流金融风险

国际物流金融业务相对于已经广泛开展的国际物流增值业务而言属于刚刚起步,尤其是很多国家(地区)的法律法规、制度建设和市场建设仍然滞后,因此,国际物流金融业务的开展面临很多的风险,具有很多不确定性,主要值得注意和重视。其具体表现在以下几个方面。

(一)风险承担主体之间风险收益不对等加大风险隐患

在国际物流金融业务中,涉及众多市场主体,由于在分担风险方面还没有建立互惠、互利、互相制约的计划,各主体只片面强调规避转嫁风险,造成风险与收益之间的不对等,一定程度上放大了风险。银行、制造商、销售商、国际物流企业之间的风险划分关系不一致,贷款银行处于提供信贷服务的垄断性地位,会采取各种方式规避转移风险,但最终却可能承担更大风险。比如,制造商(销售商)在信贷约束的背景下承担过多风险,可能人为地加大违约可能性。

(二)流动资产评估体系尚未建立

传统的银行质押业务需要企业提供信用或者固定资产抵押,而很多国家(地区)企业的信用状况令人担忧,尤其是中小企业的固定资产规模偏小,这就使银行贷款业务处于一种"想贷而不敢贷"的状况。虽然国际物流金融服务引入了国际物流企业以存货作为质押,大大拓宽了银行贷款业务的范围,同时期望降低贷款风险。但是由于流动资产的评估体系尚未建立,各种评估方法和标准的不统一使得存货的价值也难以和信贷资金相一致,贷款回收的隐性风险非常大。

(三)物流金融信贷业务经验不足,风险管理方法技术相对落后

由于银行开展国际物流金融业务时间不算太长,在贷款工具设计、资金筹集、风险管理方法和内部监控方面经验积累不足,又受到各种制度、法律的"瓶颈"制约,操作疏漏和失误难以避免,主要问题有贷款资金渠道狭窄,筹资方式少;贷款工具缺乏灵活性;银行风险管理手段受到外部环境限制;内部监控系统还不完善等。

(四)配套环境的制约使风险防范手段效果弱化

信用制度、质押制度、担保保险制度等本来是转移风险的手段,但是制度安排本身的缺陷和运行环境的问题,弱化了防范风险效果,甚至可能增大风险。例如,发挥信用制度作用

的难点在于企业信用档案不健全,信用评估机制尚未健全,在我国现阶段质押制度的功能十分有限,存在标准仓单设置难,质押登记制度不健全,质押物处置难等问题。担保制度存在着很大的局限性和不规范性。保险业务实际运作中存在标准不统一、操作不规范、利益不均衡,物流保险理赔范围小、费率高、赔偿概率小、保险除外责任过多等问题。

(五) 国际物流企业规模与信用存在缺陷

除了少数的大型国际物流企业之外,很多国家(地区)从事国际物流业务的国际物流企业大部分规模比较小,自身的信用显著不足。只有具备一定条件的专业国际物流企业才能作为公平、公正的第三方中介人,成为仓单质押融资监管业务的可靠保障,成为银行和工商企业间的安全、畅通的桥梁。因此有一些国际金融物流业务会由于企业规模和信用受限而无法真正发挥作用。

五、开展国际物流金融服务的意义

通过对国际物流金融业务的阐释,可以看出这是极具创新性以及未来发展潜力极大的一项增值服务业务,其发展对国际物流以及金融业务的持续创新有诸多好处,主要体现在以下几个方面:

(1) 有利于第三方国际物流企业提升服务能力。开展此类业务不仅能提高第三方国际物流企业的服务能力和经营利润,而且可以协助企业拓展融资渠道,降低融资成本,提高资本的使用效率。

(2) 有利于解决中小型企业融资困境,还可以盘活企业暂时闲置的材料和产成品的资金占用,优化企业资源。

(3) 有利于实现供应链"共赢"目标。对第三方国际物流企业而言,可以提高企业一体化服务水平,提高企业竞争力,扩大企业的经营利润。对供应链企业而言,可以降低企业的融资成本,拓宽融资渠道。对金融机构有重要意义,可以帮助机构扩大贷款规模。

六、开展国际金融物流服务的保障

面对开展国际金融物流的诸多好处与风险,应当全面建立开展业务的保障体系,确保稳定收益的同时尽量规避风险。

(一) 国际物流企业应不断提高业务创新能力

开展国际物流金融业务会为企业带来不少的收益,而业务开展的重要支撑就是要不断提高企业对此类业务的创新能力,这样才会为业务的持续开展提供活力。要做到提高创新能力,除了要加强企业业务素质、提高企业业务专业性之外,还应该密切联系业务关联企业和金融机构,探寻物流金融业务进一步的开展方向和空间,为后续应对客户更为细化的多样性需求以及创新业务利润源泉提供助力。

（二）业务各方应不断加强风险管理机制

作为国际物流企业而言，必须建立灵活快速的、实时的市场商品信息收集和反馈机制，这样才能有效针对市场行情做出较为精确的判断，避免因市场行情判断失误而造成损失；同时还要持续加强业务运营管理和内部操作规范管理，为保持开展业务的专业性和业务流畅性进行提供帮助。作为金融机构而言，必须加强对客户的信用管理。金融机构应建立有效的客户信用评价机制，针对可能存在的潜在风险以及已经发现的业务风险进行及时的预警与规避。尤其是当一项新的国际物流金融业务出现的时候，更应该在业务开展之初就从金融运作角度与参与各方制定风险预警制度。

第三节　国际物流加工服务

一、国际物流加工内涵

（一）国际物流加工的概念

所谓国际物流加工，是在物品从生产领域向消费领域流动的过程中，为了促进销售、维护产品质量和提高物流效率，对产品进行加工，使物品发生物理、化学和形态的变化。

（二）国际物流加工的特点

（1）物流加工对象是进入流通过程的商品，具有商品属性。
（2）从价值观点看，物流加工在于完善商品使用价值。
（3）从加工单位看，物流加工的组织者是从事物流工作的人员。
（4）物流加工有时候纯粹是为流通创造条件。

（三）国际物流加工的地位与作用

1. 国际物流加工的地位

物流加工主要在国际物流活动中可以有效地完善了流通，同时也是物流中的重要利润源，此外在国民经济中也是重要的加工形式。

2. 国际物流加工的作用

首先，可以提高原材料利用率。其次，进行初级加工，方便用户。第三，可以提高加工效率及设备利用率。第四，可以充分发挥各种运输手段的最高效率。第五，可以改变功能，提高收益。

二、国际物流加工的类型

国际物流加工的主要类型有：

(1) 为弥补生产领域加工不足的深加工；

(2) 为满足需求多样化进行的服务性加工；

(3) 为保护产品所进行的加工；

(4) 为提高物流效率，方便物流的加工；

(5) 为促进销售的物流加工；

(6) 为提高加工效率的物流加工；

(7) 为提高原材料利用率的物流加工；

(8) 衔接不同运输方式，使物流合理化的物流加工；

(9) 以提高经济效益，追求企业利润为目的的物流加工；

(10) 生产—流通一体化的物流加工形式。

三、国际流通加工的合理化

流通加工合理化是指实现流通加工的最优配置，也就是对是否设置流通加工环节、在什么地方设置、选择什么类型的加工、采用什么样的技术装备等问题做出正确抉择。这样做不仅要避免各种不合理的流通加工形式，而且要做到最优。

(一) 不合理的流通加工表现形式

1. 流通加工地点设置的不合理

流通加工地点即布局状况是决定整个流通加工是否有效的重要因素。一般来说，为衔接单品种大批量生产与多样化需求的流通加工，加工地点需设置在需求地区，从而实现大批量的干线运输与多品种末端配送的物流优势。如果将流通加工地设置在生产地区，一方面会出现多品种、小批量的产品由产地向需求地的长距离的运输，另一方面也会增加生产地的近距离运输、装卸、储存等一系列物流活动。所以，在这种情况下，不如由原生产单位完成这种加工，而无须设置专门的流通加工环节。

另外，为方便物流，流通加工环节应该设置在产出地或进入社会物流之前。如果将其设置在物流之后，即设置在消费地，则不但不能解决物流问题，而且在流通中增加了中转环节，因而也是不合理的。

即使是产地或需求地设置流通加工的选择是正确的，还有流通加工在小地域范围内的正确选址问题。如果处理不善，仍然会出现不合理现象。比如，交通不便、流通加工与生产企业或用户之间距离较远、加工点周围的社会环境条件不好等。

2. 流通加工方式选择不当

流通加工方式包括流通加工对象、流通加工工艺、流通加工技术、流通加工程度等。流通加工方式的确定实际上是与生产加工的合理分工。分工不合理,本来应由生产加工完成的作业却错误地交给流通加工来完成,或者本来应由流通加工完成的作业却错误地交给生产过程去完成,都会造成不合理性。

流通加工不是对生产加工的代替,而是一种补充和完善。所以,一般来说,如果工艺复杂,技术装备要求较高,或加工可以由生产过程延续或轻易解决的,都不宜再设置流通加工。如果流通加工方式选择不当,就可能会出现生产争利的恶果。

3. 流通加工作用不大,形成多余环节

有的流通加工过于简单,或对生产及消费者作用都不大,甚至有时流通加工的盲目性,不仅未能解决品种、规格、质量、包装等问题,实际却增加了作业环节,这也是流通加工不合理的重要表现形式。

4. 流通加工成本过高,效益不好

流通加工重要优势之一是它有较大的产出投入比,因而能有效起着补充、完善的作用。如果流通加工成本过高,不能实现以较低投入实现更高使用价值的目的,势必会影响它的经济效益。

(二)流通加工合理化的途径

1. 流通加工与合理商流相结合

流通加工和商流的部分功能有机结合,促进销售,提高了商流的效益,充分体现流通加工在商流过程中的作用,这是流通加工合理化的主要目的之一。通过简单地改变包装加工形成方便的购买量,通过组装加工解除用户使用前进行组装、调试的难处,都是有效促进商流的很好例证。

2. 流通加工与合理运输相结合

流通加工能有效地衔接干线运输与支线运输,促进两种运输形式的合理化。利用流通加工,可以减少干线运输与支线运输之间停顿的环节和时间,使二者之间的转换更加合理,从而大大提高运输水平和运输效益。

3. 流通加工与配送相结合

将流通加工设置在配送点中,一方面按配送的需要进行加工;另一方面,流通加工又是配送业务流程中分货、拣货、配货的一环,加工后的产品直接投入配货作业,这样就不需要单独设置一个加工中间环节,从而使流通加工与中转流通巧妙地结合在一起。同时,由于配送之前有必要的加工,可以使配送服务水平大大提高,这是当前对流通加工做合理选择的重要形式,在煤炭、水泥等产品的流通中已经表现出较大的优势。

4. 流通加工与"配套"相结合

"配套"是指对使用上有联系的用品集合成套地供应给用户使用。例如,方便食品的配套。当然,配套的主体来自各个生产企业,如方便食品中的方便面,就是由其生产企业配套生产的。但是,有的配套不能由某个生产企业全部完成,如方便食品中的盘菜、汤料等。这样,在国际物流企业进行适当的流通加工,可以有效地促成配套,大大提高流通作为供需桥梁与纽带的能力。

5. 流通加工与节约相结合

节约能源、节约设备、节省人力、减少消耗是流通加工合理化的重要因素之一，也是目前我国设置流通加工时考虑其是否合理的较为普遍的形式。

对于流通加工合理化的最终判断，是看其是否能实现社会的和企业本身的两个效益，而且是否取得了最优效益。流通企业更应该树立社会效益第一的观念，以实现产品生产的最终利益为原则，只有在生产流通过程中不断补充、完善为己任的前提下才有生存的价值。如果只是追求企业的局部效益，不适当地进行加工，甚至与生产企业争利，这就有违于流通加工的初衷，或者其本身已不属于流通加工的范畴。

本章小结

本章主要介绍国际物流增值服务。首先主要介绍了国际物流增值服务的基本内涵，包括国际物流增值服务的特点和种类。其后逐一详细介绍了现今较为普遍的国际金融物流服务和国际物流加工服务等内容。

复习与思考

1. 国际物流增值服务的具有哪些基本特点？
2. 国际物流金融服务的主要运作模式。
3. 国际物流金融服务具有哪些实务操作类型？
4. 国际物流加工合理化的表现。

第十章　国际供应链管理

第一节　供应链与供应链管理概述

一、供应链

(一) 供应链的内涵

一般来说,现代社会人们的生产和生活所需要的物品,都要经过最初的原材料生产、零部件加工、产品装配和分销,最终才能进入消费的过程。这个过程既有物质形态产品的生产和消费,也有非物质形态产品(如服务)的生产(提供服务)和消费(享受服务)。它涉及原材料供应商、产品制造商、运输服务商和最终用户等多个独立的厂商及其相互之间的交易,并因此形成物流/服务流、资金流、信息流,最后到达消费者手中。

早期的观点认为供应链是制造企业中的一个内部过程,它是指把从企业外部采购的原材料和零部件,通过生产转换和销售等活动,再传递到零售商和用户的一个过程。传统供应链的概念局限于企业的内部操作层上,注重企业自身资源的利用。

有些学者把供应链的概念与采购、供应链管理相关联,用来表示与供应商之间的关系,这种观点得到了那些研究合作关系、JIT 生产方式、精细化供应、供应商行为评估等问题的学者的重视。但这种关系仅仅局限于制造商和供应链之间的关系,而且供应链中各企业独立运作,忽略了与外部供应链成员的联系,往往造成企业间的目标冲突。

其后发展起来的供应链管理概念注意了供应链运作中不同企业之间的联系,注意了供应链的外部环境,认为供应链应该是一个"通过链中不同企业的制造、组装、分销、零售等过程将原材料转换成产品,再到最终用户的转换过程"。它更加注意供应链的完整性,考虑了供应链中所有成员操作的一致性。

而到了最近,随着核心竞争理论的发展,供应链的概念更加注重围绕核心企业的网链关系,如核心企业与供应商、供应商的供应商乃至一切前向的关系,核心企业与用户、用户的用户及一切后向的关系。此时对供应链的认识形成了一个网链的概念,像丰田、耐克等公司的供应链管理都从网链的角度来理解和实施。

由此可见,供应链是围绕核心企业,通过对信息流、物流、资金流的控制,从采购原材料开始,制成中间产品以及最终产品,最后由销售网络把产品送到消费者手中的将供应商、制造商、分销商、零售商,直到最终用户连成一个整体的网链结构和模式。

(二) 供应链的结构

按照供应链的定义,供应链是一个非常复杂的网链模式,覆盖了供应、生产、运输、储运和销售等所有环节;其由围绕核心企业的供应商、供应商的供应商和用户、用户的用户组成,一个企业是供应链中的一个主体、一个节点,节点企业和节点企业之间是一种需求与供应的关系。供应链的结构模型又可以分为以下两种。

1. 供应链链状结构

作为供应链最简单结构——链状结构,清楚表明供应链系统的源头是供应商所对的供应源(一般指自然界),而供应链的末端是供应链需求源(一般指最终用户)。从供应商生产原材料开始,到将原材料和零配件发送给下一级制造商,由制造商生产出产成品,再将产成品发送给下一级的分销商和零售商,直到最终用户消费使用。

作为供应链链状结构的层次较为简单,主要表现的是以某一企业为核心的单一供应链状态,但并未能说明现实世界中产品的复杂供应关系。例如,一家供应商同时为两家不同供应链上的核心企业供应其所需的各种原材料,一家分销商同时为多家生产商销售其所生产的产品。如果将这一因素模型考虑在内,供应链的结构就应该是一种网状结构。

2. 供应链网状结构

供应链网状结构表示的不再是一个核心企业主导的供应链结构,此时的竞争已由企业之间转变为各个核心企业所主导的供应链之间的竞争。各个核心企业所主导的供应链需要利用核心企业的影响力来争夺有限的供应商与分销商,以此来扩大自身的经济规模,增强其所在供应链的竞争能力。

综上所述,供应链系统结构不但揭示了系统内各个节点企业的位置,并对其相关的职能进行了设定,并且对于供应链之间的竞争要点也做了描述。这种由企业间的竞争向供应链之间的竞争的转变已成为现实中的一种趋势,因此,作为供应链系统的决策者,需要充分认识供应链系统的基本特征。

(三) 供应链的类型

不同的划分标准,可以将供应链分为不同的类别。

1. 根据供应链的拓扑结构划分

(1) "V" 形供应链。

"V" 形供应链是供应链网状结构中最基础的结构。物料是以大批量的方式存在,经过企业加工转换为中间产品,如石油、化工、造纸和纺织企业,提供给其他企业作为它们的原材料。生产中间产品的企业往往客户要多于供应商,呈发散状。这种供应链常常出现在以本地业务为主而不是全球业务为主的业务中。对这些 "V" 形结构的成功计划和调度主要依赖于对关键内部能力 "瓶颈" 的合理安排,它需要供应链节点企业制订统一详细的高层计划。

（2）"A"形供应链。

当核心企业为供应链网络上最终用户服务时,它的业务本质上是由订单和客户驱动的。在制造、组装和总装时,会遇到一个与"V"形结构供应链相反的问题,即为了满足相对少数的客户需求,需要从大量的供应商手中采购大量的物料。这是一种典型的汇聚型的供应链网,即形成"A"字形状,如航空工业、汽车工业、重工业等企业。这种结构的供应链在接受订单时考虑供应提前期并且能保证按期完成的能力,因此关键之处在于精确地计划和分配满足该订单生产所需要的物料和能力,考虑企业真实可用的能力、所有未分配的零件和半产品、原材料和库存中短缺的关键性物料,以及供应的时间等。另外,需要辨别关键性的路径,需要关键路径的供应链节点企业紧密联系与合作。

（3）"T"形供应链。

介于上述两种模式之间的许多企业通常结成的是"T"形供应链。这种情形在接近最终用户的行业中普遍存在,如医药保健品、汽车配件、电子产品等;在那些为总装配提供零部件的公司也同样存在,如为汽车、电子器械和飞机主机厂商提供零部件的企业。显然,与前两类供应链不同的是这种供应链多点控制因素变得很重要,如生产基地的确定,销售网络的构建,分销成本的控制等。处理这种供应链运行的最好方法是减少产品品种或是利用先进的技术和方法来维护和加强供应链控制水平。

2. 根据产品种类划分

根据产品生命周期、需求稳定程度及可预测程度等可以将产品分为两大类,即功能型产品和创新型产品。这两类产品的特点对比如表 10-1 所示。

表 10-1 产品分类及其相关特性

比较项目	功能型产品	创新型产品
需求特征	可预测	不可预测
产品寿命周期	＞2 年	3 个月～1 年
边际收益	5%～20%	20%～60%
产品多样性	低	高(上百)
平均预测误差幅度	10%	40%～100%
平均缺货率	1%～2%	10%～40%
平均季末降价比率	几乎为 0	10%～25%
按订单生产的提前期	6 个月～1 年	1 天～2 周

在实施供应链管理的时候,应该根据不同的产品特点,选择和设计不同类型的供应链系统。根据支持功能型产品和创新型产品的不同,有两种类型的供应链可以与之匹配:效率型供应链和响应型供应链。效率型供应链主要体现供应链的物料转换功能,即以最低的成本将原材料转化成零部件、半成品、产品,以及在供应链中的运输等;响应型供应链主要体现供应链对市场需求的响应功能,即把产品分配到满足用户需求的市场,对未预知的需求做出快速反应等。两种类型的供应链的比较见表 10-2。

表 10 - 2 效率型供应链与响应型供应链

项 目 \\ 类 型	效率型供应链	响应型供应链
主要目标	需求的可预测性	快速响应不可预测的需求,减少过期库存产品的减价损失
制造过程的重点	最低生产成本的有效需求,维持高平均利用率	消除多余的缓冲能力
库存战略	追求高回报,使通过供应链上的库存最小	消除大量的零部件和产品缓冲库存
提前期	在不增加成本的前提下缩短提前期	采取主动措施减少提前期
选择供应商的方法	选择的重点是依据成本和质量	选择的重点是依据速度、柔性和质量
产品设计战略	绩效最大、成本最小	使用模块化设计,尽量延迟产品差异化

效率型供应链和响应型供应链的划分主要是从市场需求变化的角度出发的,重点是供应链如何处理市场需求不确定的运作问题。

3. 根据供应链存在的稳定性划分

根据供应链存在的稳定性划分,可以将供应链分为稳定的和动态的供应链。基于相对稳定、单一的市场需求而组成的供应链稳定性较强;而基于相对频繁变化、复杂的需求而组成的供应链动态性较高。在实际管理运作中,需要根据不断变化的需求,相应地改变供应链的组成。

二、供应链管理及目标

(一) 供应链管理内涵

供应链管理的概念最早提出于 1982 年。开思·奥立夫和麦考尔·威波尔在《观察》杂志上发表"供应链管理:物流的更新战略",首次提出了"供应链管理"。随后供应链管理作为一种新的管理哲学理念,成为理论界关注的热点话题,人们又从不同的层面和视角给出了不同的定义。关于供应链管理的各种比较典型的定义如表 10 - 3 所示。

表 10 - 3 供应链管理的内涵

学 者	供应链管理的内涵
胡林(1988)	供应链管理是对从供应商开始,经生产者或流通业者,到最终消费者的所有物质流动进行管理的活动
兰葛雷 & 胡克姆 (1991)	供应链管理是为提供能给最终消费者带来最高价值的产品或服务,而开展的渠道成员间的相互作用

学　者	供应链管理的内涵
史蒂文（1989）	供应链管理的目标是使来自供应商的物流与满足客户需求协同运作，以协调客户高服务水平和低库存、低成本的相互冲突的目标
蒂默（1993）	供应链管理是对从原材料供应商开始，经过生产、保管、流通等各种阶段，到最终顾客等整个过程的连接
约翰森（1994）	供应链管理是为实际商品采购而使用的手段，这种手段追求的是供应商参与者之间的信息和恰当提供，供应链管理中各个成员之间所产生的信息流，对供应链整体绩效有非常重要的影响
法默（1995）	供应链管理这个概念更应该用无缝性需求整合来取代
库珀等（1997）	供应链管理是"……一种管理从供应商到最终客户的整个渠道总体流程的集成哲学"
门泽尔等（2001）	供应链管理是对传统的企业内部各业务部门间及企业之间的职能从整个供应链进行系统的、战略性的协调，目的是提高供应链及每个企业的长期绩效
美国物流管理协会（2003）	供应链管理专注于对有关资源获取与转换以及物流管理的所有计划和管理活动，它主要包括供应商、中间商、第三方物流企业和消费者等流通渠道中的伙伴之间的协调和协作。本质上，供应链管理是对贯穿于企业内外的供应管理与需求管理的整合

由此可见，从供应链管理概念产生至今，众多业内学者对供应链管理的内涵从不同角度提出了各自的不同见解。本书对供应链管理内涵的理解是：供应链管理就是使供应链运作达到最优化，以最少的成本，令供应链从采购开始，到满足最终顾客的所有过程，包括工作流、实物流、资金流和信息流等均高效率的操作，把适合的产品以合理的价格，及时准确地送到消费者手上。

（二）供应链管理目标

供应链管理使节点企业在分工基础上密切合作，通过外包非核心业务、资源共享和协调整个供应链，不仅可以降低成本，减少社会库存，使企业竞争力增强，而且通过信息网络、组织网络实现生产和销售的有效连接和物流、信息流、资金流的合理流动，使社会资源得到优化配置。

供应链管理的目标是通过协调总成本最小化、客户服务最优化、总库存最少化、总周期时间最短化和物流质量最优化等目标之间的冲突，实现供应链绩效最大化。供应链管理强调以客户为中心，即做到将适当的产品或服务，按照合适的状态与包装，以准确的数量和合理的成本，在恰当的时间送到指定地方的确定客户手中。因此，最好的供应链管理不是将财务指标作为最重要的考核标准，而是密切关注产品进入市场的时间、库存水平和市场份额等的变化。供应链管理目标可以细化为以下几个方面内容。

1. 满足客户需求

根据市场需求的扩大，通过构建和运行供应链，提供完整的产品组合，满足市场上不同消费者的需求。

2. 敏捷供应

根据市场需求的多样化,缩短从生产到消费的周期。

3. 提高可靠性

根据市场需求的不确定性,缩短供给市场及需求市场的距离。

4. 降低费用水平

在满足市场需求的情况下,降低物流成本及物流费用。

以客户满足为核心目标的供应链管理必将带来链中各环节的改革和优化,因此,供应链管理的作用就是在提高客户满意度的同时实现销售的增长、成本的降低以及固定资产和流动资产更加有效的运用,从而全面提高企业的市场竞争实力。

(三) 供应链管理的意义

(1) 供应链管理能有效地消除重复浪费与不确定性,减少库存总量,创造竞争的成本优势。

实施供应链管理,可以减少供应链成员之间的重复工作,剔除流程中的多余步骤,从而使供应链流程简单化、高效化和低成本。同时,通过建立共享的电子数据交换系统又可以有效地减少因信息交换不充分带来的重复与浪费,进而有效消除需求放大的现象。此外,供应链成员之间实现了全流程无缝作业,可以大大提高接口工作效率、减少失误与浪费。

不确定性是库存存在的根本原因,过多的库存经常是由于需求或供应的时间、数量或质量的不确定性造成的。许多企业长期处于这种不确定性环境之中,并用大量的人力、物力或其他资源来尽可能地降低这种不确定性。但是,这种不确定性不仅存在于物流过程中,同时也存在于信息流过程中。供应链管理通过对企业外部业务流程的重构,供应链上各成员企业建立战略合作伙伴关系,实现了信息共享,提高了对客户的反应速度,从而有效并且连续不断地消除了不确定性,并使获得的共享利益呈指数增长。此外,供应链通过整体合作和协调,在加快物流速度的同时,也有效地减少了各环节的库存量,避免了许多不必要的库存费用。

(2) 供应链管理能优化供应链成员组合,快速响应客户,创造竞争的时间和空间优势。

供应链通过在全球范围内优化选择链上成员,既可以实现相互间的优势互补,更重要的是还能够最大限度地减少产品销售、服务提供的空间距离和时间距离,实现对客户需求的快速反应,大幅地缩短从订货到完成交货的周期。此外,供应链管理以 Internet/Intranet 作为技术支撑,使其成员企业能够实时获取并处理外部信息及链上信息,从而提高对客户需求的快速有效反应能力,实现供应链各节点的即时销售、即时制造、即时供应。也就是说,通过供应链各成员企业的优化组合,使需求信息的获取与随后做出的反应尽量实时地接近最终客户,将客户需求的提前期缩短到最低限度,从而获得市场竞争的时间和空间优势。

(3) 供应链管理通过建立成员企业之间的战略合作伙伴关系充分发挥链上企业的核心能力,创造竞争的整体优势。

很多企业已经认识到单靠一个企业的努力在日益激烈的市场竞争中难以取胜,有必要集合多个企业结成联盟,共同与对手的联盟竞争。而联盟的盟友首先应该是与本企业业务内容相关的上下游企业。实际上,供应链本身客观上就存在。只不过以前,供应链上的各个企业没有通过主动性的合作来增强整个供应链的竞争优势。从而这条"链"一直处于"断裂"的状态之中。通过实施供应链管理,这条原本断裂的"链"可以有机地连接起来,使"链"上的各个企业都受益。也就是说,企业通过供应链的合作实现了"共赢"或"多赢"。

总而言之,在当今全球竞争加剧、经济不确定性增大、信息技术高速发展以及消费者需求个性化增加的大环境下,供应链也开始走向全球化,从而增加了供应链的长度和复杂度。企业要想在这样激烈的竞争中求生存、谋发展,就必须采取互相合作的竞争战略。所以,供应链管理在企业战略管理中的地位更加突出,是企业提高整体竞争力的有效手段。

第二节 国际供应链

一、国际供应链的内涵与类型

(一)国际供应链的内涵

国际供应链是随着企业需要在世界各地选取最有竞争力的合作伙伴,结成国际供应链网络,以实现供应链最优化目标而形成的国际供应链系统。国际供应链并不是为全球化而全球化,而以放眼全球的眼光,根据不同产品特性和经营环境(如出口配额限制,以及产品需要符合不同国家或地区的环保条例等),将供应、生产置于最适合的地方。

面临市场竞争的全球化,单个企业难以在产品的所有生产和流通环节都有最强的竞争能力。未来的市场高端竞争,将是供应链与供应链之间的竞争。为适应这种形势,国际供应链将成为未来企业的重要发展方向。

基于全球范围运作的供应链称为全球化供应链。全球化供应链管理的核心思想是充分利用全球范围的各种优势资源和组织管理优势,借助先进的运作组织手段和方法,如现代物流技术和网络信息技术计算机集成制造系统、柔性生产系统、并行工程、敏捷制造、准时制、最优生产技术、制造资源计划、企业资源规划等,组成全球范围内的具有独特优势的生产基地和销售网络,其目的是提高运营效率、降低运营成本、提升整体系统的竞争力。

国际供应链是指面向全球的供应市场、需求市场和物流服务市场,在全球范围内选择合适的供货商、销售商和物流服务商来组建和整合企业的供应链,将企业的供应网络和(或)分销网络不断向国外延伸,以覆盖全球供应市场获取资源和(或)提高全球需求市场的响应速度等方式来增加销售。

国际供应链管理强调在全面、迅速地了解和识别世界各地消费者需求的同时,对其物流过程进行联合计划、协调、运作、控制和优化,在供应链中的核心企业与其供应商以及供应商的供应商、核心企业与其销售商乃至最终消费者之间,以现代计算机信息技术和网络互联技术为支撑,实现供应链的全球物流职能一体化和快速响应化,达到商流、物流、资金流和信息流的通畅与协调,有效地满足全球消费市场需求。全球化供应链管理范畴较宽,是一种综合性的、跨国界的集成化管理模式,也是适应全球化环境下企业跨国经营的管理模式。

(二) 国际供应链的类型

国际供应链包括从较为初始的以本国市场为主的国际供应商,到较为高级的真正的全球化供应链等形式。国际供应链包括国际配送系统、国际供应商、离岸加工、全球性供应链四种类型。四种类型各有其特点。

1. 国际配送系统

生产以国内为主,但配送系统与市场有一些在海外。

2. 国际供应商

这种系统中,原材料与零部件由海外供应商提供,但最终的产品装配在国内,一些情况下,产品装配完成后,会再运回海外市场。

3. 离岸加工

这种系统中,产品生产的整个过程一般都在海外的某一地区,成品最终运回到国内仓库进行销售与配送。

4. 全球性供应链

这种系统中,产品的进货、生产、销售的整个过程都发生在全球性的不同工厂。

二、国际供应链的特征

相比于国内供应链,国际供应链不仅具有一般供应链的特征,而且因其跨越了不同国家的国界,还具有一些独有的特征。

(一) 一般供应链的特征

1. 整体性

供应链整体功能不等于各组成节点企业的功能之和,要达到供应链整体功能和绩效最优,要求一定结构的供应链中的各组成主体间协调一致,结构良好。

2. 复杂性

由于供应链节点企业组成的跨度(层次)问题,供应链往往由多个、多类型甚至多个企业构成,所以供应链结构模式比一般单个企业的结构模式更复杂。

3. 动态性

供应链模式结构因企业战略和适应市场变化的需求而变化,比如节点企业需要动态地更新,供应链节点企业之间的关系需要动态地更新,这一切都使得供应链具有明显的动态性。

4. 面向用户需求

供应链的形成、运行、重构,都是基于一定的市场需求而发生的,并且在供应链的运行过程中,用户的需求拉动是供应链中信息流、产品/服务流、资金流运作的驱动源。

5. 交叉性

节点企业可以是这个供应链的成员,同时又可以是另一个供应链的成员,众多的供应链形成交叉结构,增加了供应链管理协调的难度。

6. 环境适应性

任何一个供应链都是存在于一定的物质环境之中,它必然要与外界环境产生物质、能量和信息的交换,外界环境的变化必然会引起供应链各节点企业的变化。因此为了保持和恢复供应链的原有特性,供应链必须具有对环境的适应能力。

(二) 国际供应链独有特征

1. 国际性

国际性是指国际供应链网络涉及多个国家,网络覆盖的地理范围大。其物流是在不同国家或地区间进行的,用于国际物流而非国内物流。国际物流跨越不同国家和地区,跨越海洋和大陆,运输距离时间长,运输方式多样,这就需要合理选择运输路线和运输方式,尽量缩短运输距离和货物送达时间,加速货物周转并降低物流成本。

2. 复杂性

国际供应链涉及国际的经济活动。在经济活动中生产、流通、分配和消费四个环节之间存在着密切的联系,由于各国社会制度、自然环境、经营管理方法、生产技术和习惯的不同,在国际组织好产品从生产到消费的流动,是一项相当复杂的工作。就物流的复杂性而言,它包括国际物流通信系统设置的复杂性、法规环境的差异性以及商业现状的差异等。

3. 风险性

国际供应链涉及的风险主要包括政治风险、经济风险和自然风险。政治风险主要指由于链中节点企业所在国或产品运输所经过国家的政局动荡,如罢工、战争等原因造成经营损失或货物可能受到的损害或灭失;经济风险又可分为汇率风险和利率风险,主要指国际供应链运营中有关的资金由于汇率和利率的变动而产生的风险。自然风险则主要指在物流过程中可能因自然因素,如地震、海啸、暴雨等而引起的风险。

4. 技术含量高,标准化要求较高

由于国际供应链范围广、运行环境差异大,需要在不同的法律、人文、习俗、语言、科技、设施环境下运行,大大增加了供应链的复杂程度以及网络系统的信息量和交换频度。要保证流通畅通、提高整个链条的效率,必须有先进的国际化信息系统和标准化的物流工具和设施。同时,对供应链的设计和管理的要求也要求更高。

三、国际供应链管理的基本职能

任何一个公司,甚至大型的跨国公司,采用一体化的全球化供应链管理的过程都是循序渐进的,而非一蹴而就。从全球化供应链的基本业务流程可以简要地说明全球化供应链管理的主要职能。

(一)需求和供给管理

首先,要根据市场和客户的各种商业信息,进行预测和需求分析,以清楚地了解和掌握市场动向,从而合理地制订需求计划,去配备所需的资源,然后在充分考虑到"资源约束"的基础上制订供给计划。为了实现供应链的一体化管理,需求管理在一定程度上应具有集中化的特征。由于它是在全球范围内的业务,制订供给计划时则更需要考虑资源的约束因素,需要考虑全球性的因素,由于这些因素的变化很敏感,需要及时进行修正、反复进行重新计划。

(二)新产品研发

由于产品的销售和使用是全球性的,因此在研发的开始就必须对产品进行定位:一是要考虑设计和生产地区供应商的资源,尽量选择那些同样具有海外业务的供应商,并把他们的技术、知识和能力融入自己的研发过程,缩短研发周期,共同推出适应市场和客户的好产品;二是在研发的同时就要考虑全球市场的产品投放和推广问题,并不断对新品设计过程提出反馈意见。

(三)采购

互联网和电子商务技术的出现为全球采购创造了一个前所未有的空间,使买方能在全球范围内寻找更多更好的策略资源为己所用,将分散在各地的生产需求汇集在一起,进行集中采购以节约成本,并能够通过全球化供应链网络与供应商进行协同运作,准时获得所需货物。

(四)生产

在生产上对分布在不同地区的众多生产工厂进行统一集成和协调,使它们能作为一个整体来运作,这不是一件容易的事。一是需要根据市场需求对供应链上过剩的和不足的生产能力进行战略性的高速和优化配置,以充分发挥其效益;二是要根据订单情况对这些工厂做出集中的生产计划,以为全球化的集中采购提供准确的需求信息;再次,在一个复杂的供应链上,各个工厂间可能是互为供应方,必须使它们的业务能够紧密衔接,才能实现高效低耗的生产。这就必须要运用全球化供应链管理协同的功能和工具来对这些业务进行有效的扩展和管理。

(五)订单履行

订单履行包括配送、运输和对交货的监控以及交货过程中的例外事件处理。为了使各个地区的客户可以从全球供应链上方便地拿到所需产品,就像从本地供应链上订货一样,为了确保每一个订单、每一笔交易都能按时、按质、按量地交送到全球范围内的客户手中,必须利用全球化供应链的集中式订单履行方式,整合自己和外包服务商的资源,与客户进行密切的交流和沟通,并对整个合同履行过程进行实时监控,及时处理好例外事件,防止由于订单的履行不周而引起丢失客户的现象。

四、国际供应链管理的理念

(一) 国际供应链管理的核心思想

国际供应链管理的核心思想：充分利用全球范围的各种优势资源和组织管理优势，借助先进的运作组织手段和方法，如现代物流技术和网络信息技术组成全球范围内的具有独特优势的生产基地和销售网络，其目的是提高运营效率，降低运营成本，提升整体系统的竞争力。

(二) 国际供应链管理的理念与目标

国际供应链管理强调在全面、迅速地了解世界各地消费者需求的同时，对其进行计划、协调、操作、控制和优化。在供应链中的核心企业与其供应商以及供应商的供应商、核心企业与其销售商乃至最终消费者之间，依靠现代网络信息技术支撑，实现供应链的一体化和快速反应，达到商流、物流、资金流和信息流的协调通畅，以满足全球消费者需求。国际供应链管理的实现把供应商、制造商、分销商等所有环节联系起来，通过信息网络尽快把握真实的需求与准确的需求量，并把不断变化的市场需求情况及时反馈到企业的中央管理系统，并通过信息的实时共享，组织快速供应，使物流以最快的速度通过生产、分销环节变成增值的品牌产品，满足消费者需求。

与传统供应链管理理念不同，国际供应链管理是通过整合全球供应链资源和用户资源，逐步向"零库存和零距离"的终极目标迈进。

1. "零距离"合作

传统企业物流系统难以实现快速响应市场需求而进行准确交货。按需快速准确交货体现了全球化供应链管理中的"零距离"。在全球供应链管理中，与全球用户之间的"零距离"，就要从全球市场的角度对供应链进行全面协调性的合作管理，通过"ERP＋CRM"模式快速响应全球客户需求。这不仅要考虑核心企业内部的职能部门合作管理，还要注重国内供应链中各环节的节点企业之间的资源利用和合作联盟，更要强调国际供应链上货代、运输、装卸、仓储等全球物流服务商之间的合作关系，最终实现"多赢"，达到共同繁荣与发展。

2. "零库存"运作

任何一条供应链都要关注低成本和高运营效率。传统企业物流系统难以保证物资采购供应的低成本和准时率，而全球化供应链管理既要获得国际运输的规模经济性，又要保持库存数量尽可能低，从而实现全球供应链的财务绩效指标。全球化供应链管理通过"CIMS＋JIT"的电子制造模式，即节点企业采用计算机集成制造，以实现其供货柔性；企业之间的分销和采购推行准时化物流，通过同步并行工程和一体化职能物流的运作方式，以需求订单信息流驱动供应链企业的生产和采购，实现准时供应和准时采购，达到"零库存"。

3. 敏捷性物流

传统物流系统的敏捷性和灵活性不足,而在全球化供应链管理环境下,物流系统的敏捷性和柔性就显得特别重要。全球市场竞争日益白热化,用户需求日益多样化和个性化,这些都要求供应链物流系统能够实现基于互联网络的供货信息和订单需求信息的集成与共享,节点企业同步化作业,快速响应市场变化,提供个性化的产品和物流服务。

4. 跨文化联盟

战略联盟是企业争取规模经济以降低生产成本的有效手段。在不同产地的同类产品存在成本差异的前提下,企业纷纷调整全球生产区位布局,使生产向低成本区域转移。在以生产合理化为目的的调整中,全球化供应链管理的合作竞争理念把跨文化企业组成的供应链视为一个完整的系统,组成动态跨国联盟,实现规模经济。跨文化联盟企业在生产、加工、销售、采购、运输、金融、服务及后勤等方面进行联合,彼此之间需要解决文化冲突,进行有效沟通,建立信任合作关系,共同开拓国际消费市场。联盟合作追求供应系统的稳定性,实现供应链整体效益的最大化,跨国联盟企业共同分享节约的物流成本和创造的收益。

五、国际供应链管理的影响因素

国际供应链的设计、运作和管理都会受到不同国家、不同地区的文化、政治、法律、地域、市场等因素的影响。因此,供应链的设计者和管理者在决策和控制管理过程中都必须考虑这些因素。

(一)文化因素

文化因素对企业的全球业务、企业整体目标和整个供应链的业务都有较大的影响,它包括信仰、价值观、习俗、语言等内容。所有这些因素在国际供应链的每一个环节都起着重要的作用。因此,在跨国运作时,要充分尊重当地的文化和习俗。

(二)政治和法律因素

在不同的国家和地区,其政策和法律各有不同。每个国家都有自己的税收、进出口、海关、环保和对本国民族工业的保护等政策。国际供应链的运作遍及世界,必然要涉及不同的政策和法律制度,因此在不同的国家和地区开展供应链业务活动时,必须了解和利用当地的政策法规,按照它们来制定相应的经营战略和策略,应付和处理在业务中遇到的问题和可能发生的纠纷。另外各国政府为了扶植本国企业的发展,解决本国就业问题,纷纷制定各种政策,保护自己的企业。

(三)经济因素

经济因素极大地影响了供应链的全球化趋势,同时也影响了国际供应链的管理和运作。这些因素包括金融环境(货币、汇率、利率波动、当地的通货膨胀率或通货紧缩率、股市波动等)、地区性贸易协议、税收、进出口配额和劳动力的成本费用等。同样,不同的贸易保护措施会对全球性的供应链产生影响。关税与配额会影响产品的进口,也会导致公司考虑在出口国工地区投资工厂。许多贸易保护政策会影响供应链的结构。因此,企业在进行全球化经营时,要充分注意和考虑这些因素,扬长避短,利用一切有利因素经营好自己的业务。

(四)市场因素

国际市场驱动力来自海外竞争者的压力与海外消费者提供的机遇,但同时扩展海外市场也会遇到一定市场阻力和困难。在消费者极为注重个性化消费的今天,那些国际性产品是难以受到他们青睐的。对于不同的国家和地区消费者,他们更喜欢符合他们口味和习性的地区性产品。地区性的产品具有不同区域性的特点和特性,常常需要专门和有针对性的设计与制造。同时,在国际市场出售产品,没有品牌的商品也很难打开市场,更不要说占领市场,因此,当企业的新产品进入一个国家和地区时,首先要创立一个知名品牌,加以本地化的营销手段进行推广,从而建立忠诚顾客群。

(五)基础设施因素

一个国家的基础设施也是运作和管理国际供应链的基础。包括高速公路系统、港口、铁路运输与交通设施、先进的物流技术,具有一定规模的生产制造基地和先进的制造技术等。

(六)人力资源因素

许多企业在进入海外市场时,常常采取低成本策略去选择劳动力成本费用低的国家和地区。在大部分发达国家里,除了文化差异外,技术与管理人才普遍适用性强,但非技术工人在这些国家成本相对较贵。在发展中国家,虽然技术与管理人才适用性不是很强,但这些国家的非技术劳动力成本相对较低,在国际市场上具有竞争力。因此这些发展中国家常常是跨国经营者的首选对象,这也是国际供应链运作蓬勃发展潜力最大的区域。

(七)信息资源因素

信息资源对供应链,特别是国际供应链的管理和运作都有极为重要的影响。在现代社会中,供应链的管理和运作如果没有信息技术的支持,是不可想象的。因此,企业在开展全球化的业务时,必须重点考虑这一因素。在这些信息技术的支持下,供应链上的成员能够共享资源,紧密协作,共同拓展业务。然而,在不同的国家和地区,信息资源的可利用性、信息技术水平的高低和应用程度是大不相同的。

六、国际供应链的作用和意义

(一)国际供应链可增强企业的国际竞争力

企业竞争的本质是科技创新与科技人才的竞争。国际供应链使企业能够从战略高度认识所面临的国际竞争,将这种竞争压力转化为动力,才能把企业改造发展成现代企业,成为科技创新的主体，才能使企业自主加快技术改造和技术创新步伐，真正重视企业科技人才的培养和储备，创造吸引科技人才的企业氛围。不仅如此，国际供应链帮助企业优化产业结构，促进产品升级换代，积极开拓国际市场。由现在老化的产品结构与低附加值的产品，逐渐转向技术含量高、附加值高的产品的经营。企业可以了解市场信息，把握市场需求，更好地满足国际市场的需要。

（二）国际供应链可缩短物流时间

国际供应链能快速响应国际市场需求，实现在供应链各节点上的即时供应、即时生产和即时出售。这也就是说，国际供应链在需求信息获取和随后的反馈方面能够实时地接近最终消费者，将消费者需求的消费前置时间降到最低限度，从而在赢得消费者的青睐的同时，也为企业在国际市场中占有更大的份额创造有利条件。企业通过共享供应链信息，对上下游企业的市场信息做出快速、准确而全面的响应，能够对用户做出准确的承诺，并根据需求和供应的变化更新这些承诺，从而缩短从订单开始到最终用户的整个物流时间。

（三）国际供应链可降低库存和成本

供应链通过整体协作，在加快物流速度的同时，相应减少了供应链各节点上的库存量，从而达到节省库存成本的目的。在供应链统一的计划下，上下游企业可最大限度地减少库存，使所有上游企业的产品能够准确、及时地到达下游企业，减少各个供应链节点企业的库存量和资金占用，实时获取最终消费市场的需求信息使整个供应链能紧跟市场的变化。国际供应链还可以从整体意义上降低成员企业各自的成本，使得企业将更多的资金用于产品的研制和市场开发等方面，以保证企业获得长期发展。

（四）国际供应链可提高产品质量和改进服务质量

随着经济全球化的发展和信息、运输手段的进步，通过实施有效的供应链管理系统，企业能够从全球各地购买到高质量的原材料，或者将产品所需的某些零部件外包给在该方面具有较高专业水平的公司，进而在整体上提高企业产品的质量。同时，企业在供应链合作伙伴的选择过程中，注重合作伙伴对某项技术和某种产品所拥有的核心能力，选择产品设计、生产工艺和质量处于国际同行业领先地位的合作成员企业，这对于提高产品质量都有很大帮助。国际供应链不论距离的远近、批量的大小、品种的多少，都能在产品生产出来后，适时送到顾客手中。既能保证商品供应的多样化，又能保证商品供应的及时性，大幅改进企业的服务质量。在供应链合作伙伴的选择过程中，注重合作伙伴对某项技术和某种产品所拥有的核心能力，选择产品设计、生产工艺和质量处于国际同行业领先地位的合作成员企业。供应链管理就是通过这样一种选择和设计，借助网络技术，使分布在全球不同地区的供应链合作伙伴，在较大区域范围内进行整合，形成供应链的整体竞争力。

七、国际物流与国际供应链管理的联系

（一）物流与供应链管理呈现出融合的趋势

在现实中，许多人将供应链与物流混淆在一起，认为物流管理就是供应链管理，或者供应链管理就是物流管理。在实践中，物流系统成为企业运行的重要组成部分，也是供应链管理理论、技术方法的主要应用领域。供应链管理理论、技术方法的发展为改善物流管理和物流系统运行奠定了良好的理论基础。经济全球化孕育了国际供应链的发展，国际物流伴随着国际供应链的发展而成长，二者存在着非常紧密的联系。从美国的物流概念的演变过程来看，伴随着市场环境的变化，物流与供应链管理呈现出融合的趋势。

（二）国际物流是国际供应链的基本组成和条件

国际分工合作和全球市场拓展是国际供应链的突出特点，使得采购、生产以及销售的各个环节都有可能发生在世界不同的地方，将原材料、零部件、中间产品以及最终产品的物流区域扩展到全球各地，进而要求国际供应链的运作具备对上述物资进行全球物流处理的能力，而这也是国际供应链得以形成的最基本条件。没有国际范围的物流活动，则生产不能进行，消费品也无法进入国际市场，国际供应链便无从谈起。

（三）国际供应链促进了国际物流的发展

国际供应链的广泛推行，促进了物资在全球范围的大规模流动，国际物流的广泛应用，也引起了各国政府、有关企业和协会组织的高度重视。在不断的实践中，人们对于国际物流的组织、运作和管理都有了更深的认识，国际物流日趋合理化；各国政府和有关组织加强了对国际物流的监管和扶持，为国际物流创造了良好的政策环境。另外，国际供应链下企业之间的合作更加深化，企业将国际物流作为重要的协作领域，国际物流的市场环境也日趋优化；同时对第三方国际物流企业的需求也更加明显，这也使得第三方国际物流企业有了较大的发展。

（四）国际供应链对国际物流提出了更高更新的要求

国际供应链间竞争的加剧，对在其中发挥重要甚至是决定性作用的国际物流有了更新更高的要求。例如，在物流服务质量方面，对国际物流的及时性、可靠性和准确性有较高的要求，尤其对于小批量、多频次、高附加值物资的物流作业。除了要达到上述目标之外，还需要满足较大的柔性需求，以提升国际供应链的竞争力；另外，国际供应链对于第三方国际物流服务商的要求也比一般供应链物流服务商的要求有了更大的提高，突出表现在国际运输、信息服务以及物流全面解决方案等方面。此外，国际物流成本如何降低也是构成国际供应链国际竞争力的重要因素。

第三节　国际供应链构建

一、国际供应链构建应考虑的问题

国际化经营不断延伸，供应链的管理也必须是全球化的，并趋向无国界。供应链管理模式以市场为导向，以客户需求为中心，将客户、供应商、研发中心、制造商、经销商和服务商等合作伙伴联结成一个完整的链状结构，形成一个极具竞争力的战略联盟。其目的就是在消费者、原材料供应商和生产者之间建立无缝隙的信息流来降低供应链运行的总成本。国际消费者、原材料供应商和生产者之间建立无缝隙的信息流来降低供应链运行的总成本。国际供应链管理与国内供应链管理基本一致，只是国际供应链覆盖的地区更广，情况更为复杂。如果管理得当，将会比国内供应链产生更多机会。

（一）供应链构建所要考虑的问题

1. 客户优先

客户是供应链中唯一真正的资金流入点，任何供应链都只有唯一的一个收入来源——客户。因此，供应链的设计要考虑客户优先的原则。客户需求是供应链设计的驱动力，满足客户需求是供应链设计的目标。为了最大限度地满足客户的需求，供应链的设计必须具有高度的柔性和快速响应能力，既能满足客户的现实需求，也能满足客户的潜在需求。

2. 定位明确

供应链的构成是由原料供应商、制造商、分销商、零售商、物流与配送商及消费者组成的。一条富有竞争力的供应链要求组成供应链的各节点企业都具有较强的竞争力，不管每个成员为整个供应链做什么，都应该是专业化的，而专业化本身就是优势。在供应链中总会有处于从属地位的企业。供应链中没有哪一个节点企业能够完成供应链中的全部业务流程，它必须明确自己的供应链中定位优势，根据自己的优势来确定自己的位置，制定相关的发展战略，对自己的业务活动进行调整和取舍，着力培养自身的核心竞争力。

3. 防范风险

供应链的设计和运行必然会受到各种自然的和非自然因素的影响，面临众多的不确定性，存在一定的风险，如供应链中的库存控制。保持库存的道理是显而易见的，库存是保险，是对抗不确定性的一项措施。为了达到为客户服务的目标，必须维持足够的库存（也就是安全库存），这样即使上游的供应商出现问题，也不至于影响客户服务。因此，在供应链的构建中应对各种风险因素进行度量和说明，了解各种不确定性因素对供应链系统所产生的影响，并制定相应的风险防范措施。

（二）跨国经营所产生的关键问题

国际供应链管理系统实现跨国经营还应主要考虑如下几个方面的问题。

1. 建立全球的售后服务体系

实现国际供应链管理的企业需要建立完善的全球后勤服务体系，以保证物流畅通和树立良好的企业形象。海尔集团是我国成功打入国际市场、实施全球化经营的大型企业。海尔的洗衣机生产销售已经形成国际供应链管理模式，销售网点已分布到世界各地，成为我国海外经营业务最大的企业。在进军国际市场的过程中，海尔非常注意售后服务的工作，使其产品在任何国家和地区都能获得满意的服务。"服务至上"是海尔能够成为跨国经营的大型国有企业的秘诀。

2. 建立国际供应链需求信息网络

全球化经营和本地化经营最大的不同是需求信息来源的多样化、地区差别化、消费的文化价值差异化等，因此企业需要根据不同的国情，对需求特点进行分析，建立全球需求信息反馈系统。国际供应链的信息需要从一个地区反馈到另一个地区，从一个供应链节点企业到另一个节点企业，形成满足供应链管理要求的信息网络。它是维护全球供应信息的一致性，保证国际供应链的信息能够准确无误、畅通无阻，进而实现全球供应链同步化运营的关键。另外，由于不同国家的信息系统是异构的，应采用远程多代理的、统一的数据传输方式，这对提高全球信息系统的运行速度与效率非常重要。

3. 建立全球化合作关系网，提高物流效率

由于国际供应链跨越不同的国家和地区，物流过程要经过海关、机场、港口等，运输过程十分复杂，有汽车、飞机、轮船等各种运输工具，还有不同国家的管理与地区性政策等都将会导致物流过程的效率变低。为了提高物流效率，必须建立全球化的合作关系网，通过和当地的物流部门进行合作，把部分业务外包给当地企业，如代理销售、代理运输、代理库存管理等，或建立联合经营体，如地区分销中心等，这些措施可以大大提高物流系统的效率。

二、国际供应链构建应遵循的基本原理

在构建国际供应链的过程中，遵循一定的基本原理，对于国际供应链的构建和优化都具有重要的意义。

（一）资源横向集成原理

在经济全球化迅速发展的今天，企业仅靠原有的管理模式和自己有限的资源，已经不能满足快速变化的市场对企业提出的要求。在国际供应链的构建过程中，各节点企业均以其能够产生竞争优势的资源来参与国际供应链的资源集成，在国际供应链中以其优势业务来参与国际供应链的整体运作。

（二）系统原理

系统原理认为,国际供应链是一个系统,是由相互作用、相互依赖的若干个节点企业结合而成的具有特定功能的有机整体。

国际供应链的系统特征:一是体现在其整体功能上,这一整体功能是组成国际供应链的任一成员企业都不具有的特点功能,是国际供应链合作伙伴间的功能集成,而不是简单叠加。国际供应链系统的整体功能集中表现在国际供应链的综合竞争能力上,这种综合竞争能力是任何一个单独的国际供应链成员企业都不具有的。二是体现在国际供应链系统的目的性上。国际供应链系统有着明确的目的,这就是在复杂多变的竞争环境下,以最低的成本、最快的速度、最好的质量为用户提供最满意的产品和服务,通过不断提高用户的满意度来赢得市场。这一目的也是国际供应链各成员企业的共同目的。三是体现在国际供应链合作伙伴的密切关系上,这种关系是基于共同利益的合作伙伴关系,国际供应链系统目的的实现,受益的不只是一家企业,而不是一个企业群体。四是体现在国际供应链系统的环境适应性上。在国际供应链的构建过程中,要坚持系统性原理,选择适合国际供应链整体功能需要的节点企业,在适应环境的情况下,提升国际供应链的整体竞争力。

（三）多赢互惠原理

多赢互惠原理认为,国际供应链是相关企业为了适应新的竞争环境而组成的一个利益共同体,其密切合作是建立在共同利益的基础之上,国际供应链各成员企业之间是通过一种协商机制,来谋求一种多赢互惠的目标。国际供应链管理改变了企业的竞争方式,将企业之间的竞争转变为国际供应链之间的竞争,强调核心企业通过与国际供应链中的上下游企业之间建立战略伙伴关系,以强强联合的方式使每个企业发挥各自的优势,在价值链增值链上达到多赢互惠的效果。

（四）合作共享原理

合作共享原理有两层含义:一是合作;二是共享。

合作原理认为,由于任何企业所拥有的资源都是有限的,它不能在所有的业务领域都获得竞争优势,因而企业要想在竞争中获胜,就必须将有限的资源集中在核心业务上。与此同时,企业必须与全球范围内的在某一方面具有竞争优势的相关企业建立紧密的战略合作关系,将本企业中的非核心业务交由合作企业完成,充分发挥各自独特的竞争优势,从而提高国际供应链系统整体的竞争能力。

共享原理认为,实施国际供应链合作关系意味着管理思想与方法的共享、资源的共享、市场机会的共享、信息的共享、先进技术的共享以及风险的共担。信息共享是实现国际供应链管理的基础,准确可靠的信息可以帮助企业做出正确的决策。国际供应链的协调运行建立在各个节点企业高质量的信息传递与共享的基础上,信息技术的应用有效地推动了国际供应链管理的发展,它可以节省时间和提高企业信息交换的准确性,减少了在复杂、重复工作中的人为错误,因为减少了由于失误而导致的时间浪费和经济损失,所以提高了国际供应链管理的运行效率。

（五）需求驱动原理

需求驱动原理认为,国际供应链的构建是基于一定的市场需求而发生的,并且在国际供应链的运行过程中,用户的需求是国际供应链中信息流、产品/服务流、资金流运作的驱动源。在国际供应链管理模式下,国际供应链的运作是以订单驱动方式进行的,商品采购订单是在用户需求订单的驱动下产生的,然后商品采购订单驱动产品制造订单,产品制造订单又驱动原材料(零部件)采购订单,原材料(零部件)采购订单再驱动供应商。这种逐级驱动的订单驱动模式,使国际供应链系统得以准确响应客户的需求,从而降低了库存成本,提高了物流的速度和库存周转率。基于需求驱动原理的国际供应链运作模式是一种逆向拉动运作模式,与传统的推动式运作模式有着本质的区别。推动式运作模式以制造商为中心,驱动力来源于制造商,而拉动式运作模式是以用户为中心,驱动力来源于最终用户。两种不同的运作模式分别适用于不同的市场环境,有着不同的运作效果。不同的运作模式反映了不同的经营理念,由推动式运作模式向拉动式运作模式的转变,反映的是企业所处环境的巨变和管理者思想认识上的重大转变,反映的是经营理念从"生产为中心"向"以顾客为中心"的转变。

（六）快速响应原理

快速响应原理认为,在当前的市场环境里,一切都要求能够快速响应用户需求,而要达到这一目的,仅靠一个企业的努力是不够的。国际供应链具有灵活快速响应市场的能力,通过各节点企业流程的快速组合,加快了对用户需求变化的反应速度。在构建国际供应链的过程中,要以快速满足用户需求为核心。

（七）同步运作原理

同步运作原理认为,国际供应链是由不同企业组成的功能网络,其成员企业之间的合作关系存在着多种类型,国际供应链系统运行业绩的好坏取决于国际供应链合作伙伴关系是否和谐,只有和谐而协调的关系才能发挥最佳的效用。国际供应链在构建过程中要求国际供应链上各节点企业能够很好地联合与合作以及相互之间在各方面良好的协调。国际供应链的同步化运作,要求国际供应链各成员企业之间通过同步化的生产计划来解决生产的同步化问题,只有国际供应链各成员企业之间以及企业内部各部门之间保持步调一致时,国际供应链的同步化运作才能实现。国际供应链形成的准时生产系统,要求上游企业准时为下游企业提供必需的原材料(零部件),如果国际供应链中任何一个企业不能准时交货,都会导致国际供应链系统的不稳定或者运作的中断,导致国际供应链系统对用户的响应能力下降,因此保持国际供应链各成员企业之间生产节奏的一致性是非常重要的。

（八）动态重构原理

国际供应链是在一定时期内、针对某一市场机会、为了适应某一市场需求而形成的,具有一定的生命周期。当市场环境发生较大的变化时,围绕着核心企业的国际供应链必须能够快速响应,能够进行动态快速重构。市场机遇、合作伙伴选择、核心资源集成、业务流程重组以及敏捷性是国际供应链构建过程中必须关注的主要因素。

本章小结

本章主要介绍国际供应链管理。首先主要介绍了供应链与供应链管理的基本内涵,在此基础上进一步重点介绍国际供应链的内涵,并详细说明国际供应链的主要职能及其核心理念。最后介绍如何构建国际供应链。

复习与思考

1. 国际供应链的特征与职能有哪些?
2. 构建国际供应链应考虑哪些问题?
3. 国际供应链构建应遵循的原理有哪些?

参考文献

［1］ Pierre A. David.国际物流：国际贸易中的运作管理（第 4 版）［M］.北京：清华大学出版社，2014.

［2］ 陈言国.国际物流实务［M］.北京：清华大学出版社，2016.

［3］ 张良卫.国际物流［M］.北京：高等教育出版社，2011.

［4］ 蒋长兵.国际物流学教程（第 2 版）［M］.北京：中国财富出版社，2012.

［5］ 逯宇铎，陈阵，李正峰.国际物流学［M］.北京：机械工业出版社，2012.

［6］ 马士华.供应链管理（第三版）［M］.北京：中国人民大学出版社，2017.

［7］ 王任祥，罗兴武.国际物流（第四版）［M］.浙江：浙江大学出版社，2013.

［8］ 史成东，李辉.国际物流学［M］.北京：北京理工大学出版社，2016.

［9］ 乐美龙.国际物流［M］.上海：上海交通大学出版社，2012.

［10］ 张海燕，吕明哲，王正旭.国际物流（第 4 版）［M］.辽宁：东北财经大学出版社，2017.

［11］ 马丁·克里斯托弗.物流与供应链管理（第 4 版）［M］.北京：电子工业出版社，2016.

［12］ 何明珂.物流系统论［M］.北京：高等教育出版社，2004.

图书在版编目(CIP)数据

国际物流学 / 张翼,孔晔,顾超主编. -- 南京:
南京大学出版社,2019.3(2021.12 重印)
 ISBN 978 - 7 - 305 - 21743 - 2

Ⅰ.①国… Ⅱ.①张… ②顾… ③孔… Ⅲ.①国际物
流－高等学校－教材 Ⅳ.①F259.1

中国版本图书馆 CIP 数据核字(2019)第 047539 号

出版发行 南京大学出版社
社　　址 南京市汉口路 22 号　　　　　邮编 210093
出 版 人 金鑫荣

书　　名 国际物流学
主　　编 张 翼 顾 超 孔 晔
责任编辑 武 坦　　　　　　　　 编辑热线 025 - 83592315
照　　排 南京开卷文化传媒有限公司
印　　刷 南京玉河印刷厂
开　　本 787×1 092 1/16 印张 12 字数 300 千
版　　次 2019 年 3 月第 1 版 2021 年 12 月第 2 次印刷
ISBN 978 - 7 - 305 - 21743 - 2

定　　价 32.00 元
网　　址:http://www.njupco.com
官方微博:http://weibo.com/njupco
微信服务号:njuyuexue
销售咨询热线:(025)83594756